正伝 出光佐三

日本を愛した経営者の神髄

奥本康大

展転社

はじめに

私たちの育った時代は、偉人伝なる絵本が数多く出版されており、その絵本をとおして素晴らしい日本人がいたことを知り、またそのような偉人を目指すように教えられたものであった。印象に残っているのは野口英世、北里柴三郎、渋沢栄一、二宮尊徳等々である。

しかし近年は、個性や多様性を求める時代になっており、偉人を取り立てて目標にするような教育はなされていないようだ。

日本人が日本の偉人を知らずして「日本人」と言えるのかと問い質したいが、いつの間にか、学校でも日本史（国史）を教えない制度になっており、日本史を学ばなくても高校は卒業出来、大学入試も日本史を選択しなくても、私立大学はもとより国立大学の入学試験も受けられ、合格出来る仕組となっている。これでは、日本人が自信や誇りを持てなくなってしまうのも無理もない話である（最近は心ある人たちによって、高校での日本史を必須科目にする動きが起きていることは、大変喜ばしいことである）。

そのような自国の歴史を教えないカリキュラムとは相反し、アメリカはじめ外国が素晴らしい国かの如く教えるカリキュラムとなっているため、外国かぶれの日本人や、自国を蔑《さげす》む反日日本人を生み出すことの原因ともなっている。

私の高校生時代（約五十年前）、国立大学の入学試験では、日本史は必須科目だったので必死に年号や人物を丸暗記したものだ。しかし、近現代史についてはあまり学んだ記憶がない。特に歴史の授業は古代史から進められ、時間の関係で近代史は端折られていた気がする。考え過ぎかも知れないが、大東亜戦争の経緯、戦後の占領政策、東京裁判について詳しく教えないことが、日本を属国として継続支配を目論むアメリカにとって好都合だったのかも知れない（日露戦争以降、アメリカは仮想敵国として日本を位置づけていた）。また、過去の戦争を否定したい日教組の教師にとっても同様だったのかも知れない。

そのような時代に学んだこともあり、自分が出光興産㈱に入社しなければ、「出光佐三《いでみつさぞう》」についても、戦後の石油供給における一大事件となった「日章丸事件」も知ることはなかった。百田尚樹氏の小説『海賊とよばれた男』がベストセラーにならなければ、一般の人は、一生、出光佐三の偉業を知ることはなかっただろう。

『海賊とよばれた男』は約十年前に出版され数百万部を売り上げるベストセラーになり、平成二十五年の本屋大賞も獲得した。その数年後には映画化もされ、出光佐三を多くの日本人が知る端緒になった。

同書は、出光佐三の生涯を上手く纏《まと》めているが、主人公の名前は、国岡鐵蔵であり、出光佐三ではない。偉人伝ならば、本名を使って出光佐三と書かれるべきである。したがって『海賊とよばれた男』は、あくまでも百田尚樹氏の「小説」である。

また出光興産㈱の社員として理解している出光佐三とは違い、面白おかしく脚色が加えられていることに不満を感じている。出光佐三の誤ったイメージを本の読者や映画の視聴者に与えているのではないかとの思いが募り、多くの人に出光佐三の真実の姿、出光興産㈱の真実の歴史を伝えようと考え、小説ではなく偉人伝として筆を執ることにした。

さらに付け加えると、出光佐三は、日本は皇室と共に歴史を繋いできたからこそ、世界に類をみない国家が築かれたと考えており、約三千年の昔から培った日本精神を基盤とした理念のもと事業経営をおこなったのである。出光佐三以上の愛国者は数える程ではなかろうか。

特質すべきは、事業の目的は、国に貢献することだと唱え、所謂、第二の定款というものを社員に示し、人こと何のために働くのかを問い掛け、社員を育成したことである。商法上、出光興産㈱は石油業を営むというのが法律上の定款ではあるが、第二の定款とは精神的な定款であり、日本国民として果たすべき役割を常に社員に求めた経営者であった。

「人間の真の働く姿を顕現し、国家社会に示唆を与える」との第二の定款を出光佐三は終生唱え続けていたのであるが、その他にも一般の企業では考えられない約束事のような教えが数多くあった。今の労働基準法遵守の世の中では到底、認められないことが、私たちが入社した頃は、ごく自然に行われていた。当時、出光の不思議な制度と言われていたのが、出勤簿がない、残業手当がない、定年制がない、労働組合がない、馘首《かくしゅ》がない、というものであり、この五点が特に有名であった。制度と言うと労使契約に聞こえるが、取り決めでもない自然発生的な社風のようなものであった。

これだけを聞くと無理難題を押し付ける冷酷な経営者と感じられるかも知れないが、そのように感じたことは微塵もない。何故なら、出光佐三の経営方針の根底となるのは「人間尊重」「大家族主義」

で示されるように、家族の一員として社員を迎える姿勢であった。社員は子供であり、親として子供の成長を願い、世間に通用するように徹底して鍛え上げるのであり、一般の会社との労使の関係とは、全く違っていた。「人生意気に感ずる」という言葉の如く、社員全員が出光佐三の理念を理解し、会社業績の向上と国への貢献に向けて、働く喜びを感じ、また寝食を忘れて働いたのである。

出光興産㈱（以後出光とのみ表記）は、明治末期に日本石油の代理店として創業した小さな個人会社であったが、戦前は主に大陸で販路を拡大し、戦後は民族系石油会社として世界の石油会社を向こうに回し、消費者本位の経営を貫き、世界的な大会社にまで成長したにも関わらず、昨今の日本においては出光佐三が貫いた日本的経営方式が、アメリカンスタンダードの導入や、またグローバル化という名のもとに、悪しきもの、過去の遺物になってしまった気がしてならない。

今一度、出光佐三が目指した事業とは何か、また今後の日本人の歩むべき道は何かを考える上において、是非、日本が生んだ偉人、出光佐三の足跡を辿って戴きたい。

正伝　出光佐三——日本を愛した経営者の神髄◎目次

はじめに　1

第一章　出光佐三の真骨頂　13

真の愛国者としての出光佐三　14

終戦をいかに受けとめたか　26

いかなることがあっても社員を守る　29

占領下の石油政策を批判　31

第二章　出光佐三の生い立ち　33

裕福な家に生まれる　34

よく考え抜く習慣、負けず嫌い　36

第三章　出光佐三の教育方針　39

社員勉強と自問自答　41

皇室と国民の関係を学ぶ　42

第四章　出光佐三に影響を与えた人々　45

有村彦九郎校長　46
水島銕也校長　46
内池廉吉教授　48
日田重太郎翁　49

第五章　出光商会開業までの道のり　51
まず丁稚奉公の道を選ぶ　52
恩人日田翁との不思議なえにし　54
下積みから体験させる社風　56

第六章　出光佐三の育った明治という時代　59
明治の精神に学ぶべき　60
江戸文化は近代日本の礎　62

第七章　皇室と共に歩んだ日本民族　65
皇室の素晴らしさを説く　66
佐三が危惧していた風潮　73

第八章　出光商会創業から開店初期の苦難　75
石炭はあと五十年で尽きる　76
石油販売業の第一歩を踏み出す　79
明治紡績の安川清三郎と岡田音次郎　82
山神組の白石庸次郎　86
自動車の普及への対応　88
第九章　出光精神　93
黄金の奴隷になるな　96
学問の奴隷になるな　98
組織・機構の奴隷になるな　100
権力の奴隷になるな　101
数や理論の奴隷になるな　104
主義の奴隷になるな　106
モラルの奴隷になるな　107
第十章　海外市場への進出　113

満洲進出　115
朝鮮全土への販路拡大　118
台湾全島への販路拡大　119

第十一章　戦時体制における石油配給事業　121
満洲事変から支那事変　123
大東亜戦争における出光社員の活躍　131
陸軍からの石油配給要員派遣の要請　134

第十二章　戦後における出光佐三の苦難　149
新規事業への挑戦（電気事業、印刷業、水産業、その他）　151
タンク底油集積作業　154
石油業への復帰　157

第十三章　日章丸事件　169
大戦後のイランをめぐる石油情勢　170
反英運動おさまらず　176

イラン国有石油会社（ＮＩＯＣ）の発足　178
イラン石油情勢の急転回　180
日章丸事件に至る背景（出光と石油メジャーとの戦い）　182
日章丸事件の経緯（イランとの交渉）　190
アバダンに行け！　200
日章丸裁判　207
第十四章　徳山製油所の建設（奇跡の連続の製油所建設）　215
第十五章　グローバリゼーションと出光理念の継承　221
第十六章　人の力による会社経営　229
第十七章　明治という大きな懐が偉人・出光佐三を生み育てた　233
第十八章　昭和天皇と出光佐三　237

おわりに 243
参考文献 252

第一章　出光佐三の真骨頂

真の愛国者としての出光佐三

昭和二十年八月、大東亜戦争に敗れ、国民が打ち拉《ひし》がれていた時、日本国民の優秀さを信じ、また皇室を中心とする國體を以って日本再建に向けて立ち上がろうとしたのが出光佐三であった。戦後の風潮として資源を持たざる国が、欧米列強と戦争をすること自体が無謀だったと評論家のように発言する人が多い。日本が戦争の道を選んだことを正しく語れる人が少ないのが日本の現状である。

昭和天皇が「開戦の詔勅」でお示しになられたとおり、自存・自衛の戦争であったことを理解しようとせず、アメリカによる洗脳教育の申し子のような人たちが、未だに当時の政府、軍部の批判を繰り返している。実に情けない国民が多いと感じる。

出光佐三は、なんびとにも引けをとらない愛国者であった。国士というのが正しいかもしれない。先の大戦では軍の要請を受け、率先して石油供給という重要な役割を担った。国を挙げての戦争においては当然のことではあるが、石油配給を円滑に行うために、知恵を絞り、あらゆる面で国への協力を惜しまなかったのである。戦時における石油配給で国に貢献することは、事業主としての当然の務めと考えており、多くの社員を軍属として派遣した。しかし、南方の戦地で多くの優秀な社員を失った。

明治四十四年、門司《もじ》に小さな石油販売店を創業した出光佐三は、事業を通して国家の繁栄に寄与することが目的であり、また国益事業に身を投じることを誇りと感じていた。しかし創業はしたものの、当時の商売は苦労の連続で、辛酸を嘗め続けたのである。

小説『海賊とよばれた男』でも描かれていたが、既存業者の縄張りが存在しており、自由に商売が出来ず、窮余の一策として、海の上で漁船への給油を考え出したこともあった。そのため、販路を縄張りの無い中国大陸に求めたことで、漸く社業は好転し始めたのである。

出光佐三に纏わるエピソードは数多くあるが、その一番は、終戦の詔勅を賜った後の言動であろう。終戦の日の八月十五日は、栃木県に疎開していた家族に面会するため東京を離れており、玉音放送は現地で聞いた。雑音により内容が十分聞き取れなかったが、兎に角、終戦を知ったのである。急遽、都内に戻り戦災を免れた東銀座にあった出光本社に向かった。その時の状況を「都民生色なし、出光館に入る。感慨無量、店員は落ち着きを示す。直ちに前後策に入る」と記している。

翌十六日は「瞑想に過ぐ」と記しているが、この日一日、出光の方向性について熟考を重ねたのである。この時に纏めた原稿は現在も遺されており、また社内資料にも記されている。出光佐三は玉音放送を拝した二日後、冷静に日本の将来だけでなく日本の歴史まで振り返り、終戦後、国民として為すべき指針を示し、社員に訓示を与えたのだから凄い人物と言わざるをえない。終戦により明日からどうして良いのか茫然自失となる経営者も多かった筈であるが、戦後の第一歩を誰よりも早く歩みだしたのは、出光佐三しかいなかったのではなかろうか。

この「玉音を拝して」との訓示は長文であり、出光社内の教育用資料でも全文を掲載しているものは少ない。六十歳の出光佐三が、国家再興のために、何をすべきかを必死に考え、纏めたものであり、一字一句が燦然と輝いており、敢えて全文を紹介する（読みやすいように現代文に直した）。小説『海賊とよばれた男』や同じタイトルの映画では、残念ながら日本人にとって一番大切な歴史観・国家観については削除されている。終戦二日後に、国家再興を誓った出光佐三の愛国心が迸《ほとばし》る玉稿を噛みしめて戴きたい。なお、この原稿は現在は出光中央訓練所に大切に保管されているが、近々開設される出光佐三ミュージアムに常設展示される予定である。門司にある出光美術館にはレプリカが展示されている。

「玉音を拝して」

八月十五日正午おそれ多くも玉音を拝し、御詔勅を賜わり、涙のとどまるを知らず、言い表わすべき適当なる言葉を持ち合わせませぬ。

万事は御詔勅に尽きている。陛下は限り無き御仁慈を垂れ給いて悪魔の毒手から赤子を救わせ給うたのである。しかも国民の心中をお察しあそばして、五内ために裂くと仰せられました。恐懼の極みであります。最後に今後われらの進むべき道を明らかにお示しあそばし、神州の不滅を信じ、國體の精華を発揚せよ、と仰せられ、任重くして道遠きをおもい、総力を将来の建設に傾け、道義を篤くして、志操を堅くせよ、と仰せられている。われわれは朝夕奉読し、聖旨に答え奉るのみであります。

私はこの際店員諸君に三つのことを申し上げます。

一、愚痴をやめよ

二、世界無比の三千年の歴史を見直せ

三、そして今から建設にかかれ
愚痴は泣き声である。亡国の声である。婦女子の言であり、断じて男子のとらざるところである。ただ昨日までの敵の長所を研究し、とり入れ、己れの短所を猛省し、すべてをしっかりと肚の中にたたみこんで、大国民の態度を失うな。

三千年の歴史を見直して、その偉大なる積極的国民性と、広大無限の抱擁力と、恐るべき咀嚼力とを強く信じ、安心して悠容迫らず、堂々として再建設に進まねばならぬ。

仏教の渡来は国民思想に一大混乱を巻き起こし、ついに道鏡の暴逆となり、國體を危うくしたのである。すなわち宗教による国難である。しかして仏教は発生の地インドに滅び、支那に衰えて、神州日本に抱擁保育せられ発達して、わが国としても無くてはならぬ宗教となったのである。

ひとり仏教のみならず、孔孟の教えもまた神州において咀嚼力せられて、国民道義の根幹となった。偉大なる咀嚼力である。

元寇、これは今日に比すべき大国難である。神風東南に起こりて、三万の敵兵を海底の藻屑とせしといえども（文永十一年）、元軍の再寇は必至と思われた。今日と異なり敵状を知るに由なきときであるから、津々浦々に防塁をつくり、待機の姿勢でいたのである。半年は過ぎ、一年は経過し、三年、五年と待つあるを頼むうちに、欝勃たる闘魂はついに外に向かって爆発したのである。（建治二年日本から外征のくわだてあり、さらに弘安四年には再度来寇した十四万の元軍もせん滅した）

敵来たらずばわれ行かんとの闘魂と化したのである。倭寇となって今の満洲から山東省、中支、南支に向かって敵を震駭せしめた。山田長政のシャム征服もその一つである。
（シャム王に仕えて反乱を鎮定）

神州不滅、隠忍持久、総力発揮の好個の前例である。偉大なる積極的国民性である。

ひとり仏教や儒教のみならず、支那における古き芸術——絵画、陶磁器、銅器等の文化は、その本家支那において滅びて、日本において保存せられ、育成せられ、日本化されて無限に発達している。偉大なる保存抱擁の力である。

もしも神州日本がなかったならば、東洋の文化、宗教、芸術というようなものは滅びていたと言いうる。大東亜にとっては有難き日本であり、なくてはならぬ國體であり、國體の精華発揚が大東亜の幸福であり、やがては世界人類の幸福であることも間違いないことである。國體の尊厳がやがては全人類により認識せられる一面を語るものと言わねばならぬ。

支那をもって日本の先進国とし、先生とする、宗教、芸術に関してはもちろんそうである。しかも国滅びるごとに、文化滅びるの歴史は、人類の惨事である。如何とも致しがたい。文化といわず、宗教といわず、経済といわず、これを創作し、育成し、保存し、発達せしむる國體こそ、人類の中心であり、元である。この根本あっての文化であり、宗教である。本末を誤ってはならない。これらの先生であることも間違いない事実であり、神州日本がこれを抱擁発達せしめた、尊い厳然たる國體であることも事実である。大東亜、さらに世界文化発達の部面においても、尊厳なる國體の精華を発揚せねばならぬ。

かく三千年の尊き歴史の一部面をかえりみるときに、神州の不滅を信じ、積極的国民性と、抱擁の力、咀嚼の力、保存の力、育成発展の力を見直すことができる。そしてわれわれが、全世界の福祉増進に対する責任の重いこともはっきりするのである。愚痴などを言わず、聖旨を奉戴して、今からすぐ建設にとりかからねばならぬ。

陛下は、任重く道遠し、とおおせられておる。人類に対するわれわれの任務は実に重いのである。戦後の後始末をなし、さらに日本の真の姿を全世界に示し、真の任務が果たされるのは、実に道が遠いのである。重き荷を負いて、遠き道を歩かねばならぬ。それには非常なる力を要する。しかるに率直に申して、国民は悲観のどん底に落ちて力も出ない。また極度の不安に耐えられない気持もあり、お先まっ暗の感ありと言うべきである。無理からぬことではあるが、しかしながら、そんな弱いことでは、先祖に対してまことに申しわけがないのである。

何ゆえ悲観せねばならぬか、勝敗も決していないのに、敗戦の形を押しつけられたことは残念であり、その失うところは大きく、前途に横たわる苦難は測り知れないものがある。先祖に対し言葉がない。しかし、それはわずかに五十年の逆転にすぎない。われわれは國體護持と、特攻精神の発露によって、三千年の歴史に千鈞の重さを加えた事実を見逃してはならない。この磐石の事実の上に毅然と立ったときに、日本の新しい建設と使命とははっきりとする。そして希望に満ちた、新しい力は無限にでる。愚痴など言っているときではない事が判る。私は事変発生の原因と、その後の経過と、戦争の結末とを考えてみたい。

第一に事変の目的は完全に達せられておることである。

五十年前の日清戦争は、子供心にも楽々と勝ったように思う。しかしながらロシア、ドイツ、フランスの世界の三大陸軍国が日本を威嚇して、折角、血を流して取った遼東半島を支那に還付せしめた。国民は泣くにも泣かれない。ちょうど今度の原子爆弾使用と同じ感じである。臥薪嘗胆を叫びつつ、国民は忍苦十年、ひたすら国力の充実に邁進した。十年は経った。世界一の大陸軍国、ロシアを破ったのも、この忍苦の賜である。日露戦争は最後の五分間まで、勝敗が決しないという大苦戦であつた。かろうじて、勝ったのである。国をあげて心配したことは今日と同様であった。この尊き苦しみは、戦後の経営に緊張を伴い、国家の前途に堅実なる基礎をつくったから、その後日本は、世界五大国に列するにいたった。その後十数年にして、第一次世界戦争は起こった。この時日本は初めて、国難の伴わない戦争をしたのである。たいした戦いもせず、名前のみを出して山東省の利権をとり、南洋の独領をもらった。濡れ手に粟の摑み取りであつた。いわゆる成り金なるものがでて、天下に醜名を流したのもこの時である。

個人といわず、国といわず、成り金気風は横溢し、贅沢・利己の弊風は滔々として社会を靡乱した。有閑階級また外来の悪風に浸り、国風廃頽の極に達した。この悪世相に呆れた純真な学徒や労働階級はその帰趨に迷った。ついに共産主義の温床となり、外来思想の乗ずるところとなり、ついに國體危急を告ぐるに至った。この国難を見て国士は奮起し、青年将校によって五・一五事件、ついで二・二六事件は起こり、ついに満洲事変に飛火したのである。いかに安逸が人を殺し、国を誤るかを知り、同時に艱難汝を玉にする、の一句が千古不滅の名言なるかを知りうるのである。事変は日支事変に進み、さらに大東亜戦争に進展した。

かく見来れば、事変の真の目標は、國體の護持と、日本精神の強化の二点に重点があったのである。事変の進展とともに、國體は明徴せられた。さらに苛烈なる戦局は、ついに特攻隊精神を生んで、全世界が震駭し、三千年の歴史に千鈞の重きを加えた。事変の精神的目標は理想的に達成せられたのであって、国民はより以上何ものを求めんとするのであるか。

しかしながら国民は、戦争に対し勝利を予期していた。祖先の努力にも勝る結果をも予想していた。それが一夜にして原子爆弾により破砕せられたのである。原子爆弾に対する国際通義の問題はともかく、形式的には戦いは敗れた形である。しかも、半日の出来事であり、泣くに泣けない国難来るである。国民は慌てた。茫然自失した。陛下の大御心のお恵みによって、冷静を取り戻したときには、祖先に対する自責の念に苦しみ悶えはじめた。戦いに敗けたる影は悲惨である。国内の現状は見るに忍びない。来たるべき休戦条約を想像するだに恐ろしい。これが実行は死に勝るの忍苦であることも確かである。しかもそれが何年、何十年、何百年続くか、如何に人類の仇敵、悪魔の毒手によるとはいえ、諦めがつかないのは当然である。しかしながらわれわれは、ここにあくまで冷静に日本国民たるを忘れてはならない。この形式的敗戦は、物質的に五十年の逆転である。しかも他方われわれは、三千年の歴史に千鈞の重さを加えたのである。ただ死に勝る苦難に甘んぜねばならぬ。しかも艱難は汝を玉にするのである。本末軽重を誤ってはならない。

ついで大東亜戦争はこれをひきだした機関車の詮議だては別として、日本としてはやむにやまれぬ羽目に陥ったのである。その目標たる東亜の解放は、多年各国によって唱えられていたことである。事志と違い挫折したとはいえ、全世界に対し、認識を深めたことはあきらかであり、この意味において筋道だけはできていたのである。

第二、戦争は消えたのであり、勝負は決していない。

原子爆弾は聞けば聞くほど恐ろしい破壊力である。毒ガスなどと比較すべき程度のものではない。広島のような使い方を続けられたら、無事の日本人は大半滅するであろう。直ちに世界の正義の人々により、続々と抗議がでたのも当然である。

この凶暴なる悪魔の大虐殺が、日本民族絶滅のために連続使用されるとなれば、かりに戦局が日本に有利に進展しつつある場合たりとも、やはり戦争はやむのである。原子爆弾によって戦争は消えたのであって、勝負は事実の上において決してない。ただ日本が敗戦の形式を強要されたに過ぎないのであって、わが忠勇なる陸海軍将兵が闘志満々として、満を持しておることも事実である。

戦争の旗印は正義人道である。米国は殊にこの点を強調してきた。正義人道の旗印を目標として争っておるところが戦場である。この旗印が撤去抹殺されたところはもはや戦場ではなく、戦争は消えたのである。正義人道の争奪の戦場は、一朝にして悪魔乱舞の修羅場と転落したのである。大東亜戦争はかくして消えたのである。陛下はこの消えうせたる戦場、悪魔乱舞の修羅場より赤子をお救い遊ばしたのである。広大なる御仁慈のほどを察したてまつり、ただ恐懼のほかはないのである。

ダムダム弾や、毒ガス程度のものさえも、戦争には禁じられている。国際条約により禁ぜられておる以上のものを、武器として研究することは既に条約違反であり、正義の放擲であり、人道の無視である。さらにこれを製造し、戦場に使用するは罪悪である。さらにさらに、これを無事の市民に無警告に用うるにいたっては、人類の仇敵として一日も許すべきでない。米国がその肇国の国是たる正義人道をみずから放擲したのは、みずから敗けたりというべきである。国是を蹂躪せられたる米国内における心ある正義の士は、おそらく、戦争に勝ったか、敗けたかの判断に迷っておられると思われる。

科学的には後進たりといえども、尊厳なる國體と、崇高なる特攻精神を有するの国……ついに目くらみて、正義人道を捨てたるの国……世界の人の無言の判決をわれわれは知り得るのである。

第三、つとめて艱難に向かう。

最も直接に、かつ深刻に諸君を不安ならしむるものは、今後の苦しみである。焼野が原におけるドン底生活、さらに加わる新たなる負担、突破せねばならぬ建設の苦しみ、これらに耐えうるかの不安である。この大任を果たし、上　聖旨に答えたてまつり、祖先の霊に報告するは容易のことでない。私は死にまさる苦しみを覚悟せよ、との一言に尽きると思う。今後引続き種々なる苦難がくるごとに、死んだほうがましだ、と思うことが続くと思う。

私は創業後二、三十年間人生はかくも苦しいものか、死ななければこの苦しみからのがれることはできないのかと、しみじみ苦しみ続けた。親友も私が自殺するであろうと、何度思ったかしれないと語ってくれた。この連続した苦しみは、私を今日にしているのである。艱難汝を玉にす、ということは、どうしても忘れられない。三国干渉、日露戦役の国難が、過去において日本を強化発展させ、第一次大戦の一時の安逸が、日本をいかに国歩艱難に導いたかは、前に述べたとおりである。苦労はつとめてせよ、とは店是であり、私の常套語である。戦時中の今までの苦労が、偉大なる精神的根幹を強化したことも述べた。今後の苦労が、国家の前途に大いなる結果をもたらすことも争えないことである。とするなれば、われわれはいかなる苦しみにも耐え忍ばねばならぬ。しかしながら、この苦労は、われわれがかつて知らない深刻なものである。今まで戦っていた敵兵を目のあたりに見ることや、食糧の不足、失業問題の解決、思想上の闘争、働いても働いても追いきたる窮乏等々、一つだけでも相当の苦労である。これら大苦労の重複、しかも連続する艱苦、死んだほうがましだということになる覚悟をせねばならぬ。これが国家に対し、祖先に対する責任であり、やがては世界人類に対する務めである。第一線にある同胞同士の今後の苦艱を思うのとき、われわれの苦労はまだやさしいものであると思う。

日本人は艱難を永久の友とするところに、日本精神あり、武士道あり、人類に対する貢献があるのである。苦労を恐れるものは日本人たりえないのである。祖先の墓前に割腹すべきである。

要するに、われわれは三千年の歴史を見直して、今さらながら國體の尊厳と、偉大なる力とを再認識した。しかも全人類に対する崇高なる使命をも知りえた。國體の護持、日本精神の復興も完成して、事変の目標も達っせられた。しかして産業文化に対する五十年の大転落も知り、襲い来たる苦難も想像できる。しかしながら、他方苦難の賜の何たるかも、安逸の末路の恐ろしさも十分に知り抜いた。死にまさる苦しみも、ただ汝を玉にするのみである、との見通しもついた。ここに国民は確固たる信念を持ち、御詔勅のままに、世界・平和のために國體の精華を発揚せねばならぬ。戦う日本人の姿、掌を返したるがごとき平和の日本人の姿、これが日本の真の姿であり、大国民の襟度である。世界は再び強震するであろう。戦争よりさらに苛烈なるものが前途に横たわっているのであるから、明日と言わず今からすぐに建設に力をいたすべきである。

かく論じ来たるときに、あるいは詭弁と言い、負け惜しみとも見る人もあるであろう。しかしながら、出光の諸君は容易に私の言うところを解し、真相に触れることができると思う。これは多年の尊き苦労の賜である。

さてわれわれ出光は、人間尊重の旗印のもとに、自治すなわち自己完成、団結すなわち大家族主義の行者として三十年間終始した。しかして、つとめて艱難に向かって自らを錬磨してきた。戦前たると戦時中たると、政治や経済の制度や、機構のいかんに頓着なく、一貫終始し変更の必要を認めなかった。もちろん、今後もこのままで進めばよいのであり、おそらく永久に変わることはないと思う。

出光の行き方は、ここ数年来社会から急激に認められて、今年は試験室から実地に飛び出しつつあったが、事業そのものは近く消え失せる運命にある。惜しい思いがする。政府も、出光の人物本位の能動的な行方を十分に知っておるので、あるいはこの団体を何かの形にて用いるかもしれない。私も従来「出光は事業そのものを目的とするにあらずして、国家に示唆を与うるにあり」と諸君に訓してきた信念から申しても、戦後の難局に処して、国家が出光主義の行者を要することは論をまたないのであります。しばらく経過を見たいと思います。

以上が、出光佐三が終戦二日後の八月十七日に社員に対して発した訓示である。

終戦をいかに受けとめたか

この年に還暦（六十歳）を迎えたが、日本の現状と、将来を見据えて再建に立ち上がろうと自らを鼓舞し、また社員に対して戦後復興に対する覚悟を求めたのである。当時の六十歳といえば、楽隠居する年齢ではあるが、国が壊滅状態にあって見捨ててはおけず、自ら再建に向けての指揮を執ろうとしている凄さがこの訓示には表れておりその姿勢に驚かされる。

また出光佐三は大東亜戦争というのは「消えた」のであり、勝負は決していないという捉え方をしている。終戦二日後にこのような言葉を用いて、戦争を総括しているのが出光佐三の真骨頂でもある。いかに優れた経営者でも、終戦直後の時期にこのような見方、判断は出来なかった筈だ。戦争は国際法に則って行われるべきものであり、ハーグ陸戦法規なるものを各国は批准しており、人道上許され

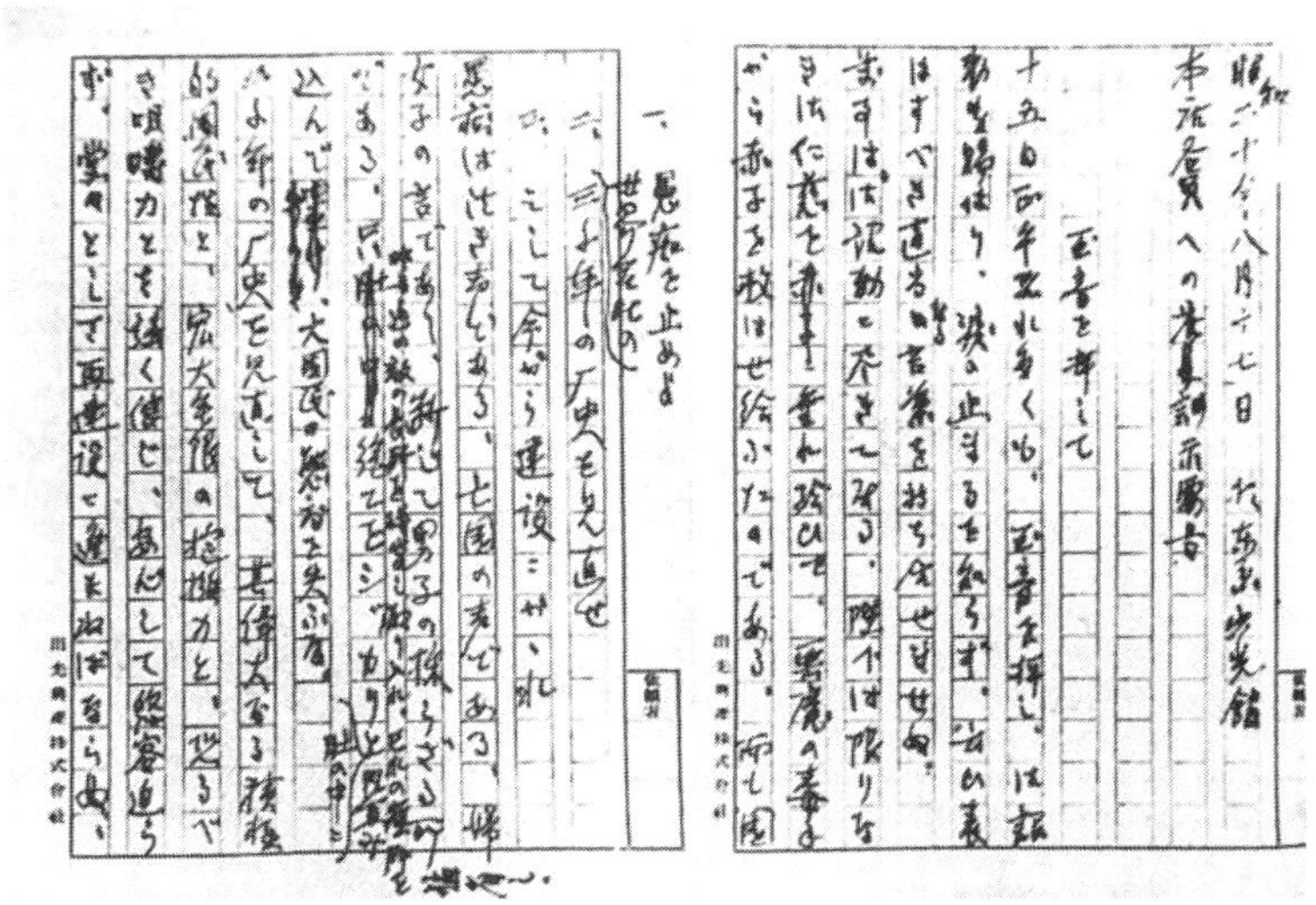

玉音を拝しての原稿

ない行為は禁じている。しかも占領軍が明日にでも進駐しようかというこの時期に、国際法に則っての戦争ではなく、反則技を次々と繰り出してきたアメリカを堂々と痛切に批判している。肝が据わった経営者であったことが、この「玉音を拝して」の訓示原稿に表れている。

出光佐三は、戦争というものは、互いの正義を主張してそれが衝突するのが戦争であると述べている。アメリカ建国の父であるジョージ・ワシントンが唱えた国是は「正義人道」であったのだが、その正義の国アメリカが、小国日本に対して見境もなく反則技を繰り出しているのだから、正義も道もあったものではない。これが白色人種の本質かもしれない。

日本の都市部に爆弾と焼夷弾を投下し、住宅を焼失せしめ、非戦闘員である老人婦女子を焼き殺したのは、紛れもなくハーグ陸戦条約（第二十五条）に違反する戦争犯罪行為である。また大量殺戮兵器である原子爆弾を広島・長崎に投下して、非戦闘員である二十数万人を殺戮した。原爆投下を承認したのはハリー・トルーマンしか有り得ないのだが、正式な承認記録はないとの説もある。では誰が命令を下したのかと問いたいが、事後になって狡猾な言い逃れをする大統領の国なのである。

フランクリン・ルーズベルトも酷い大統領であった。正義など欠片もない戦争好きな二枚舌大統領であり、ルーズベルトがアメリカの大統領でなかったら大東亜戦争は起きなかったかもしれない。

明治の開国以降、日本は富国強兵と産業振興に重点を置き、瞬く間に近代国家への仲間入りをした。そのような有色人種国家の日本の台頭を欧米列強は疎ましいと感じており、特にアメリカは日露戦争以降に、日本潰しのオレンジプランを策定している。日本を仮想敵国と位置づけ、何度も改訂された。

大東亜戦争に至る道はそのような背景があったことを百も承知の上で、出光佐三は「戦争は消えた」と表現した。実に的を射た表現であり深い考察と言わざるを得ない。

また、考察は日清・日露の戦争にも及んでいるが、当時の日本人として国の情勢だけでなく諸外国の企み迄も冷静に分析し、国防について深く考えていたことが理解出来る。当時の国民としては、当然の行為なのだが、戦後の日本人は、アメリカにより贖罪意識を植え付けられ、国防を考える事さえもタブーとなっている。非常に情けない国となってしまっている。

前述したとおり、出光は中国大陸に販路を求め商売を拡大していた。その大陸では、常に小競り合い的な戦闘があり、日本人は命懸けの商売をしていた。そこでは国防・国益及び世界情勢を考えることは誰もが当たり前の時代であった。

現在の日本人をお花畑と称する人がいるが、戦争に向き合うことにより平和の有難さを理解し、平和に向けての努力をするのが日本以外の普通の国である。日米安保条約によりアメリカに守られている間は、日本人の真の国防意識は芽生えないかもしれない。出光佐三は中国大陸の状況を眺めながら、日本の国防・戦争について考えていたのであろう。

いかなることがあっても社員を守る

出光佐三は、終戦の翌々日に前述の一世一代の渾身の訓示を社員に下したが、その意気込みとは裏腹に、終戦により全事業と国外資産を一挙に失った。

戦後の石油販売事業は、アメリカの占領政策により停止させられることになった。残ったものは、当時の金額で二百六十万円の借金と、国内外約千名の従業員だけとなった。現在の貨幣価値にして約五百億円余りの借金である。

出光は、国内販売より海外販売に重きを置いていた。また軍の要請により中国大陸はじめ南方地域の配給事業を展開していたため、戦争終結とともに、朝鮮半島、中国大陸、さらに南方に派遣されていた従業員約八百名が次々と復員してきたのである。海外展開していた多くの企業は出光と同じ状況に陥っていた。各企業は、当然のように人員整理を行った。戦後の混乱時期においては、人員整理されても仕方ないと考えている従業員もいた筈であるが、出光佐三は莫大な借金を抱え、なおかつ国内外千名の従業員を馘首しなかったのである。「資本は人」との信念を出光佐三は貫いたのである。懐の大きさと度胸の良さは並大抵ではなかった。

「重役会の決議で一応全部やめさせて、そのうち出光再建のために必要な人を何人かとろうじゃないかといってきた。わたしは、それはいかん、社員は解雇しないという主義だから、こういう時こそ実行しなければ駄目だといった。ところがこれを聞いた重役連中は、わたしの考えはおかしいと思ったらしい。しかしわたしはこういう辛苦を重ねてきたこの人たちこそ、必ず将来、なすことのある人だと信じていた。事業はすべて人間が基礎であるという主義でやってきたから一人の人員整理もしなかった」と後に出光佐三は語っている。

石油事業を再開することが出来ない以上、社員の雇用を確保するためには石油業以外の事業を始めるしかなかった。タンク底油集積・農業・水産業・ラジオ修理販売・印刷・醗酵等、雇用確保のため、あらゆる仕事を手掛けたのである。しかし新規事業の大半は軌道に乗らなかった。

だがラジオ修理だけは時代背景も手伝い軌道に乗り始めたのである。当時ラジオは生活の必需品であり占領軍にとっても広報手段として重要なものであり、また戦争の影響で国内にあったラジオの多くが故障したままの状態だった。旧海軍の技術者を集めるなどして修理販売店を全国に構えることとなった。この事業も収支そのものは厳しいものだったが、外地から引き上げてきた従業員に仕事を与える役割としては十分なものだった。このラジオ修理販売店が、後の石油販売の拠点網づくりの布石となり石油の販売統制が解禁されると、石油給油所へと衣替えを果たすこととなる。後に日本にも車社会の波が押し寄せ、販売網の拡充が進められたが、その原点は本当に苦しい時代に手掛けたこのような事業にあったのである（なお、石油業以外の事業は昭和二十五年までに全部廃止された）。

占領下の石油政策を批判

このような苦難を克服しながら、昭和二十二年十月、漸く石油配給公団販売店に指定され、石油業界に復帰を果たすのである（全国で二十九店が指定される）。

石油業者出光としての再建への足がかりが出来た。この販売店の指定の裏には出光佐三の、政府やGHQ当局に対し、戦後の日本の石油政策の在り方を具申し、その主張実現のために奔走するという努力があったのである。

占領下における石油政策の立案実行はGHQ参謀部が担当していたが、実際はスタンダード、シェル、カルテックスなど五社から派遣された人員をもって組織した石油顧問団（PAG）が動かしていた。これに対し出光は「国際石油カルテルの独占より免れ、国内業者・外油社は競って低廉な製品を消費者に提供する、という理想的な我が国の石油市場の姿を作るべきだ」、また配給面においては「石油配給統制会社を早期に解散させ、民主化を図ることによって転廃業者、新進気鋭の業者にも門戸を開放すべきだ」と主張し、これに抵抗した。

この結果、出光の主張どおり、石油配給統制会社は廃止され石油配給公団が発足したのであるが、この販売指定業者の決定に際し、出光が指定されるのを阻止しようとする画策があったが、GHQ内部の出光理解者の公正な措置によって封じられ、石油配給公団販売店に指定された。ここでも、先手、先手と手を打った出光佐三の先見性と手腕が光るのである。

繰り返すが現在の貨幣価値にして約五百億円の借金を抱え、終戦の焼け野原から立ち上がった凄い経営者だったのである。

第二章　出光佐三の生い立ち

ここまで出光佐三の類い稀なる経営手腕について述べてきたが、日本における偉人ともいうべき人物がどのように生まれ育ったのかを探ってみることにする。

裕福な家に生まれる

出光佐三は明治十八年八月二十二日、父藤六、母千代の次男として福岡県宗像郡赤間に生まれた。既に兄雄平、姉キクがあった。その後、四人の弟、一人の妹が誕生し総勢十人の大家族であった。出光家は赤間の旧家として古くからこの地に居住して所謂、庄屋であったが商売を営み、父藤六の時代には藍商を業としていた。父藤六は、徳島から藍玉を仕入れ、田川や博多方面、遠くは広島の染物屋に卸していた。ドイツから化学染料（アニリン染料）が持ち込まれるまでは、手広く商売が出来ており、裕福な家庭であった。

出光家の祖先は南北朝時代から戦国時代まで約二百年間、宇佐八幡宮の大宮司家を勤めていた家柄であり、代々、宇佐に領地を持っていたが応仁の乱以降の戦乱により、祖先の一部の人が難を逃れるため赤間に移り住んだ。宇佐の出光家と宗像郡の赤間に二、三の出光家があり、この地方に残る由緒ある家柄であった。

生家の近くには宗像大社がある。

祭神は天照大神（伊勢神宮）の三人のお姫様、裏伊勢とも称される格式の高い神社であり古くから国民の祖神として尊崇されてきた。またこの地方は昔から小学校の名校長、名教員を輩出することで有名であったが、それは宗像大社の御神徳のお陰であると聞かされて育った。出光家も宗像大社の影響を受け、仲の良い家庭で、質素にして人のために尽くせという庭訓だった。

そんな家庭に出光佐三は生まれ、幼少年時代を過ごした。両親は健康そのものであったらしいが、本人は子供の頃から、不眠症と視力の障害に悩まされ、病気を克服するために努力を重ねた。ただ、視力が悪いのも手伝って読書には縁がなく、それを補うように物事をよく考え抜く習慣を身に付けることが出来たと、出光佐三は少年時代を振り返り語っている。そんな考え抜くことが好きな少年にとって、深く心に刻まれる事件が突如、起きたのである。前述の「玉音を拝して」の社員への訓示でも述べているが、日清戦争における露、仏、独の三国干渉がそれである。

出光佐三の父・藤六（右）と母・千代（左）

明治新政府の基礎が漸く固まったとはいえ、東洋の小国と見られていた日本が、大国だった清国の朝鮮侵略の野望を挫き、大勝をしたにも拘わらず、遼東半島を放棄させられたのである。日本国民の怒りは頂点を極め、まだ小学生（十歳）であった出光佐三も大人顔負けに無念の思いを募らせ、悔し涙を流した。それほど、当時の人たちは愛国心に燃えており、日本の弱腰外交を非難したのである。

鎖国から開国した日本が、確固たる立場を築かなければ大国に飲み込まれるとの考えは、国民の共通認識であり、そんな危機感が明治時代の愛国心を形成していったのである。また、出光佐三はじめ当時の少年たちは、そんな大人たちの話を傍で聞いて愛国心なるものを育んでいった。三つ子の魂百までと言われるが、出光佐三は五十年間も悔しい思いを持ち続けていた。終戦時における訓示「玉音を拝して」を草稿する時に、三国干渉について触れたのは国力が無いことの悔しさが蘇ったためだと思われる。

出光佐三の負けず嫌いな性格は、生まれ持ったものもあるが、このような明治時代の環境によっても育まれたのかもしれない。物事をよく考え抜く習慣と、負けず嫌いの性格が、出光佐三を大きく育てたのである。

よく考え抜く習慣、負けず嫌い

さらに出光佐三が育った環境について触れてみたい。

出光佐三は両親から多くの影響を受けて育った。所謂、家庭における日頃の生活を通じて素養を高めることが出来、それを土台として新たな知識・経験を得ることで事業家としての基盤を築いていっ

創業当時の出光商会

た。そこには、先述の「よく考え抜く習慣」「負けず嫌い」の要素が影響していた。

出光佐三は、親が子を育てるが如く、社員育成にも心血を注いだ。また育成環境を整える努力を惜しまなかった経営者でもあった。日本人には日本人の血が流れ、九州人には九州人の血、大阪人には大阪人の血が流れている。九州でも県によって違い、家によっても違う。これは伝統によって育まれる「風」というものが影響していると考え、社風作り、伝統づくりを重んじた育成教育を施した。その根底には、三千年の歴史を繋げてきた皇室の存在が深く影響していた。出光佐三の父藤六は皇室を尊び神仏を敬い、国事を憂い、時事を論じた人であったと記されている。その様な家庭環境で育ったからこそ少年時代の日清戦争後の三国干渉に対して憤り、国力について特別の感情を持ち、また国に貢献する重要性を人一番感じていた。

余談であるが創業当時の出光佐三の社員教育の思いが窺える逸話を紹介する。

門司に出光商会を創業した当時は、名の知れぬ小さな店に、大学や高商などの卒業生が入社試験を受けに来る事はなかった。そこで小学校卒の優秀な子供を採用することにした。両親が子供を連れて、「この子を宜しくお願いします」と挨拶された時、出光佐三は、両親に代わって立派に育てなければならないと、重大な責務を感じたという。門司は港町で色々な労務者がいたので、外に出て悪習に染まらぬ様、龍門町の祖父母の家の隣に寮を建て、社員を住まわせ、間違いを防いだのである。

第三章　出光佐三の教育方針

出光での社員教育について述べるが、基本は社是ともなっている家族主義の徹底である。肉親の情で人を育てることが、教育の基本と考え実践したのである。つまり家長のもとに一大家族を形成し、一致団結して事に当たり、己を忘れて働ける社員に育てることを目指したのである。

冒頭述べた馘首がないのは、家族ならば我が子を見放さないのが当然であり、徹底して鍛え、一人前の人間（社員）に育て上げることが会社としての重要な役割との考えからである。故に、いったん出光に入った者は簡単に退職させない。他から家風の違う養子はもらわない。純真無垢な新卒者だけを採用して純出光人に育て上げる。また合宿所（寮）を設け、世の悪風に染まり、前途を誤らせないように徹底的に世話をする。このような制度により社員教育を行ったのである。家庭における親子兄弟のような温かい職場であれば、心が安定し、思う存分仕事に専念できるのであり、個々の能力も高まり、企業として最大限の成果もあげられると出光佐三は考えたのである。

時代が変わり、寮での集団生活など出来ない若者が増えているが、私が入社した時代は出光流ともいうべき教育が行われていた。寮は個室ではなく先輩・後輩の共同生活であり、私の場合は十二畳の四人部屋から社会人としてのスタートを切った。今ではプライバシー確保が問題視されるが、家族であれば、開けっぴろげの生活が当たり前であり、出光での寮生活は、大学の体育会の合宿所のようであった。そこでは多くの先輩・後輩（社員）との心の交流があり、良き独身時代を過ごすことが出来たと思っている。出光が目指した大家族主義の実践には、独身寮・社宅は不可欠であった。企業の仕事は、個人ではなく組織力が求められるものであり、家族のような雰囲気の中で切磋琢磨する風土を作ることを出光佐三は目指したのであった。

余談であるが、一時期、会社の独身寮は敬遠され廃止された時期があったが、最近は寮の良さを見直す企業も現れていると聞く。それは企業にとっても良い効果を生むことに繋がるのではなかろうか。

現役時代、社員教育には教育・共育・協育の三つが必要であると教えられたことがある。教えられるだけでなく、共に学ぶ、協力して学ぶことがあって人間は成長するのである。出光佐三は、そんな場を私たちに与え、考える癖をつけさせようとした。

社員勉強と自問自答

出光の社員勉強会で「自問自答会」というものがあった。目的は会社の歴史を知ることや出光佐三の足跡や考え方を学ぶことであった（輪読会形式）。これは職場単位で毎月一回実施されていた。出光では社員教育資料が整備されており、特に出光佐三が書き残した原稿や創業以降の社歴を学ぶには事欠かない資料があった。教材としてよく使用したのが『人間尊重五十年』（春秋社）や『出光五十年史』（非売品）『日本人にかえれ』（ダイヤモンド社）であるが、月当番が司会をして全員が意見を述べ、理解し難い部分は職場の長が解説を加えたりして進められた。この自問自答会という実務とは異なる勉強会は、入社当時は戸惑いを感じたが、徐々に出光佐三の追い求めている理念を理解出来るようになっていった。企業の理念を継承する為にも、このような勉強会は続けて欲しいものである。「歴史を失った民族は滅びる」とよく言われるが、会社の歴史や創業者である出光佐三の思いに触れ、考える時間を与えられたことは非常に有意義なことであった。

もう一つ、日本国というものを考える機会も与えられていた。それは国旗掲揚と皇居遥拝である。一昨年、出光は昭和シェルと業務提携をしたので今はどうか知らないが、全国の出光興産のガソリンスタンドには必ず国旗（日章旗）が掲揚されていた。当然、出光の本支店にも国旗が掲揚されていた。出光佐三は、国があっての企業との考え方であり、国家社会の恩恵に浴している以上、国家社会のために全力を尽くさなければならないと唱えていた。冒頭の第二の定款である「人間の真に働く姿を顕現して、国家社会に示唆を与える」の具現化であり、自己を鍛錬して自他共に尊重し得る人となることを社員に求めた。国への忠誠を示す象徴が国旗であり、様々な行事で国旗が掲げられ、国歌を斉唱した。日本国民として当たり前のことであるが、最近では、当たり前が出来なくなっており、自国への誇りを失いつつある現在の日本人に憂いを感じている。

皇室と国民の関係を学ぶ

また出光佐三は、皇室があるから国民が守られているとの認識のもと朝礼で皇居遥拝を行うことを習慣づけていた（職場毎で異なってはいたが……）。こういう何気ない日常が、社員自身に国や皇室について考える機会を与え、愛国心の醸成を促した。

恥ずかしい話であるが、私は所謂ノンポリ学生だったため、入社するまで皇室についての書物などで学ぶことは殆どなかった（親から口伝てに教えられた知識だけだった）。しかし私が入社した頃は、新入社員教育のカリキュラムに「皇室」について学ぶ時間があり、また社内資料によって、皇室と国民の関係について多くを学ぶことが出来た。皇室を中心とした日本の歴史や文化を学べば学ぶほど、日本人としての誇りを抱くようになったのは言うまでもない。日本人は皇室について学べば間違った思想にかぶれることなどない筈である。出光佐三は、事ある毎に「日本人としての誇りをもって仕事をせよ」と社員に唱える一風変わった経営者であった。私も出光の社風に学び、日本人としての「誇り」をもって現役時代を過ごした。

しかし、現役を退いた今、私が暮らす地域の人たちを見渡すと、日本人としての自信も誇りも失ってしまっている人があまりにも多いと感じることがある。また良からぬ思想にかぶれてしまい、日本の國體が根っ子から崩れてしまうのではとの危機感を抱くようになっている。

兎に角、大東亜戦争によって日本人が大切なものを失ったことを憂い、日本人が後世に伝えなければならない精神・伝統・歴史等を守ろうとしたのが出光佐三だった。

第四章　出光佐三に影響を与えた人々

出光家は古くからの名家であり、先祖からの良き家風を受け継いでいる。出光佐三は、幼いころから身体が脆弱で苦労を重ねたが成長するにつれ、自らの力で克服していった。家庭も裕福であり向学心もあり、下関商業への進学を目指したが、健康に問題があり高等小学校卒業後に一年療養したと自伝に記している。その後、新たに設立された、福岡商業に入学し下宿生活を始めた。商業学校に進学した理由は父藤六の考えでもあった。元来、外交官を志望していたのだが、父から一蹴されたと語っている。理由は男たるもの小さくても一国一城の主を目指すべきとの教えであり、独立不羈の精神を叩きこまれた。人に頼るな、独立自営せよ、そうすれば不平なき一生を送り得ると諭された。

以下、出光佐三が薫陶を受けた人たちについて述べる。

有村彦九郎校長

福岡商業は新設された学校であり、初代校長有村彦九郎は人間をつくることに重きをおく方針で、各方面から優秀な教師を集め、外国人教師を招聘したこともあり、活力が溢れる学校だった。こんな校風の中で、出光佐三は学業も一、二を競う好成績をあげ、自立心を育んでいったのである。

その後、福岡商業を卒業した出光佐三は商業学校卒業生を受け入れていた神戸高商（現・神戸大学）の第三回生として入学を果たすのである（全国から集った優秀な学生の中から選ばれた）。

水島銕也校長

神戸高商は東京高商（現・一橋大学）とならび商業教育の最高学府として設立され、実業界ならびに社会から大きな期待がかけられていた。神戸高商の四年間は出光佐三にとって実りある豊かな歳月だったと述懐している。学生数も少なく、錚々たる若手教授から最新の商業理論を学んだり、少人数で構成された今でいうゼミ講座のような研究討議する制度が導入されており、切磋琢磨しながら協同精神、相互扶助の気風を養い、思い出多き充実した学生生活を送ったのである。

そして出光佐三にとって生涯の師として仰ぐことになる水島銕也校長との出会いが、彼のその後の人生を大きく変えることになった（水島校長は神戸高商の創設者でもあり、育ての親である）。特に水島校長から温情家族主義の神髄を、身をもって教えられたことであった。

水島銕也校長

以下、水島校長について出光佐三が語った内容を記す。

「水島校長は、古武士のような強い性格の反面、慈父のような愛情をもって教授、学生を愛し導き、至れり尽くせりの面倒を見られた。この家族的温情が真に人を育てる道であることを実地に体験し、同時に当時成金が続出した黄金万能の大阪を学窓から眺め、近代的教養を身につけた同憂の学生とともに『人物本位』『人材養成』を唱えて激しく反発し、更にまた『生産

神戸高商時代の出光佐三

者より消費者へ』の理念を学んで、商人の真の使命を悟ったことが、石油業を手段とし、人間をつくり上げ、国家社会に尽くすことをもって真の事業とする、出光のよって立つ根底をなしたのである」。

「教える先生のみ多い時代に、水島校長は人を育てることを重視されたのである。しかも崇高な徳の力を以って育てられたのである。教と育とを両立されたのである。近来稀なる徳育家であった。自分が如何に愚鈍と云えども、学窓四星霜、水島校長に何程か徳化されない筈はなかった」。

出光佐三は、会社創立時の経営理念ともなるべき教えを、神戸高商在学中の四年間に水島校長から授かったのである。後述するが、出光佐三が入社式や若手社員に対して仕事への心構えや考え方について話す内容は、神戸高商時代に体得したことが殆どである。それほど充実した時を過ごしたのである。また、水島校長は「士魂商才」と揮毫し出光佐三に与えられた。清廉潔白で責任感の強い武士の魂をもって商人として機敏に才を発揮することであり、出光佐三は終生この教えを守りとおした（自ら揮毫した書を額装にして各支店の事務所にも掲示した）。

内池廉吉教授

神戸高商で出光佐三に影響を与えた教授が内池廉吉博士であった。内池教授は卒業直前に学生たちに「今後、商人は無くなる」と教えられたそうである。商人を目指していた出光佐三にとって晴天の霹靂だったが、さらに次の言葉でなるほどと納得した。「社会が複雑になると、生産者と消費者との間に介在する商人だけが唯一残る」と説かれたのである。出光の営業方針はここから出発したと述べているが、消費者本位や大地域小売業を標榜して会社を創業したのである。水島校長、内池教授の教えを具現化したのが出光佐三であったが、神戸高商に学んだからこそ、出光興産を世界一流の企業として成長させることが出来たと言っても過言ではない。身体が強く、療養することがなければ下関商業に進んでいた筈であり、一年間の療養が大きく人生を変え、出光佐三の持つ強運が水島校長、内池教授と巡り合わせたのである。まさに塞翁《さいおう》が馬である。

戦前、内池教授が出光佐三を尋ねて来たことがあり「やがて中間搾取の業者はなくなる」と教えられ生産者と消費者を直結する商いをしていると話したところ教授は大層喜ばれたと出光佐三は述懐している。

日田重太郎翁

もう一人、忘れてはならない大恩人と出光佐三は神戸高商時代に巡り会っている。

下宿近くに住んでいた日田重太郎翁（出光佐三より十歳ほど年長の方であったが、出光佐三の大恩人であり、

日田重太郎夫妻

敢えて翁と記す）である。

日田翁は淡路島の旧家の出身で別に仕事を持たず風雅な生活を送っている人であった（日田翁は、当時多くいた所謂、高等遊民と呼ばれる人であった）。日田翁からの依頼を受け、子息の中学校入試の家庭教師を引き受けたことから縁が出来、卒業後も日田邸に出入りをしていた。

この日田翁こそが、出光佐三が夢を描いていた起業の資金を提供した人物である。出光佐三を将来見込みのある人物と考えて、当時の金額で八千円もの資金を提供したのである（京都の所有する土地が区画整理で買収されたため）。また「この金は返すに及ばぬ、借用書など入れる必要はない、利子はいらない、ただあくまで主義を貫け、家族仲良く暮らせ」と諭され、資金の恵与についても「他言してはならぬ」と堅く口止めまでされたのである。明治時代には傑物がいたのである。

明治四十年代の貨幣価値は想像つかないが、今でいう一億円程度の独立資金をポンと提供したのである。誰もが想像できないことを、さり気なくされた日田翁である。詳しくは後述するが、出光佐三の人柄を見込み、その信念に深く共鳴したとはいえ、二十数歳の青年に大金を提供することなど、到底できるものではない（神戸高商を卒業したにも拘わらず、丁稚奉公をする真摯な姿に感動されたのだろう）。

第五章　出光商会開業までの道のり

まず丁稚奉公の道を選ぶ

父藤六から商人の道を歩めと諭され、一国一城の大商人になることを決心した出光佐三は、一個人商店である神戸市兵庫区にあった酒井商店での丁稚奉公の道を選んだ。当時、東京高商と並ぶ学校を卒業しながら何故に丁稚奉公などするのだと、同窓生からは散々嘲笑されたが、小さな店なら商いの流れのすべてを体得出来ると考え、真剣に実社会と取り組んだ。酒井商店は小麦粉と機械油を扱う小さな店であったが、小さな店でも大きな店でも個人商店の主人の苦労は並大抵でないこと知るのである。独立に向けての一抹の不安も募ったが、これくらいの困難で挫折してはたまるかと思い直し、自分の信念を貫いた。商売の難しさを体験するには良い機会であった。

実家では父藤六が人の借金の保証人となったことで、大きな借金を背負い込んでいた。郷里赤間の財産を処分し、父母兄弟は戸畑に移り住んでいた。家業が傾きかけたのは出光佐三がまだ神戸高商在学中であり、学資の送金も難しかったが、母千代は何事も伝えず、出光佐三の学資を工面して送り続けた。学業に励む子供に、お金の心配をさせたくないとの両親の温かい思いやりであった。酒井商店に勤め始めた後に、両親の窮状《きゅうじょう》を知り、早く独立したいと気は焦ったが、神戸高商卒業後まだ二年くらいでは、開業独立資金を用意できる術もなかったのである。そんな中、思いがけない人から声が掛かる。

世の中では本当にこのようなことが起きるのかと考える人がいても当然であるが、嘘のような話が日田翁からの申し出であった。次に社内資料に出光佐三が遺した記録を転記する。

明治四十四年三月頃、日田重太郎翁に誘われて、二人は恵比須様で名高い西宮から宝塚へハイキングをやった。春の日は麗らか甲山を真正面に見て歩き続けた。日田翁は私より十歳くらい年長で三十六、七歳、元来淡路の人だが、当時神戸に住んでおられた風雅一点ばりの人だった。私は二年前に神戸高商を卒業して、独立自営を目指して、神戸の酒井商店に丁稚奉公していた。おりから郷里の家運が傾いて、自営の資本など思いもよらず、煩悶としていた。

日田翁は、突然私に話しかけられた。京都の家が売れたから、その金を君にあげる、それで宿願の独立自営を始めたらどうだ。あげるのだから返すにはおよばぬ、もちろん利子もいらぬ、営業の報告などせんでよい。ただ一つの注文は、家族みんな仲よくして、主義を貫徹してもらいたい。私は夢かとよろこんだが、世間の誰も信じなかった。しかし間もなく、私は京都の登記所で八千円受け取って、六月二十日に門司で油屋の主人となった。私は在学中、父から独立の尊さを聞かされ、水島校長から、教と育についての呼吸を教えられ、酒井商店の主人から力闘の体験を与えられ、独立自営に当たって、日田翁から更に人間尊重、相互信頼の禅味を味わわせられた幸運児である。（中略）私は恩人との約束を実行している。貰った金は返さない、利子も払わない、報告もしない。そして人を信じ、仲よくすることに努め、主義の行者をもって任じている。かくて、創業の恩人は、出光の人間尊重、家族主義の永久の恩人である。

日田翁が偶然に出光佐三と知己を得ただけで、何故、多額の資金を提供したのか不思議に思われるかもしれない。しかし日清・日露戦争の後、さらに日本は欧米列強と並ぶ大国としての地位を築こうとしていた明治時代の世情と、日本国民の意識を深く考察すれば、日田翁の真意が見えてくる。日本がまだ未成熟な時期に、国の為、人の為に立ち上がろうとした一人の青年出光佐三に、日田翁自身が成し得なかった、自分が果たせなかった「夢」を託されたのであろう。

恩人日田翁との不思議なえにし

日田翁は出光佐三に対し、終生、変わらぬ援助や激励をし続けた。謂わば、出光商会生みの親ともいうべき恩人であるが、その後の度重なる苦難に際して、徹底的に援助激励を続け、しかもあるときは自己の全財産を提供し、親類からも「出光と手を切れ」と幾度となく忠告を受けるほどであった。しかし「出光とならば共に乞食になっても構わぬ」とまで極言して応じなかったという。出光佐三もまた日田翁を深く敬慕し、どのようなことも打ち明けて日田翁に諮り、その間柄は肉親も及ばぬものであった。

日田翁はみずから報ずることいたって薄く、汽車のごときも常に三等以外には乗らなかったほどの人柄であったが、他人に対しては寛厚そのもので、多くの人々に陰徳を施し、善根を積まれた。特に出光佐三に対して、このようにまで熱情を傾けられて援助を惜しまず、終生変わるところがなかったのも、日田翁が出光佐三の人柄を見込み、その信念に深く共鳴されていたからに違いない。日田翁の次の談話によっても、その信頼のほどを窺い知ることができる。

「神戸におった頃、わしの親類の病院が布引の滝の近くにあって、そこによく大勢の学生が出入りしていた。その中に出光もおったが、別に大言壮語するでもなく、落ち着いた男だった。また神仏を敬い、情が厚く、親兄弟や友達に対しても非常に思いやりがあった。まあ気が合ったというのか、その頃から親しく付き合ってきて、もう五十年以上過ぎた。あの性格は今でも変わってないが、自信をもって独立独歩して行く人間で、『自分は実地に商売を経験するんだ』といって、神戸高商を卒業した同期生が大会社、大銀行に入ったのに、自分は酒井商店で丁稚から始めたんだ。まあそれからいろいろ苦しい目にも逢って、なんども店を閉めようかどうしようか、と相談にきたこともあるんじゃ。わしは、その都度、激励してきたけど、よく辛抱してきたもんだね」。

このように日田翁は晩年、出光佐三の不屈の精神を評価し、語っている。

日田翁との出会いがなければ、今の出光は存在しなかった。しかし、あの時代に神戸高商を卒業して、丁稚奉公から仕事を学ぼうとした出光佐三はまさに異彩を放っていた。

出光に入社すると、いの一番に教えられるのが「卒業証書を捨てよ」である。五十年近く前のことでありよく憶えていないが、東京プリンスホテルで行われた入社式で出光佐三（当時は店主）は壇上におられ、簡単な訓示をされたが、確か「卒業証書を捨てよ」と訓示されたと記憶している。後年出光佐三は、入社式では必ず「卒業証書を捨てよ」と言ってきたと述べているので間違いはない。教育というのは繰り返し教えるから身に付くのであり、毎年の入社式でも出光佐三は、敢えて同じ話をしたのである。ある年の入社式での文章があるので紹介する。

毎年、入社式にあたって、必ず私の言うことがある。それは「今日かぎり、卒業証書を捨てよ」ということです。学問を鼻にかけるような、つまらん人間になるなということです。（中略）学問に引きづられて、おれは大学をでたんだからというので、上のほうの椅子に座ってうなぎ登りに昇進していく役人たちは、人間として力の無いグループである。そこで、卒業証書を捨てよ、物に頼るな、自分に頼れ」と言っているのです。諸君は今まで両親ないしは兄弟、その他のやっかいになって学校を出た。また、学校の先生や社会の教えを受けて一人前の人間になりかけておる。このように他力によって今日までできたのである。しかし、他力による生活は本当の自分の生活ではない。これからは自分の人生をつくっていかなければならない。自分の力をつくるためには一から始めなければならない。ということから、わたしは神戸高商（現・神戸大学）をでて丁稚奉公をした。それは小さなことをやれない人は、大きいこともやれないという考えでやったのです。「これが卒業証書を捨てた」ということです。

戦前、戦中、戦後に亘り、日本経済を牽引してきた経営者の含蓄ある言葉である。

下積みから体験させる社風

出光佐三が、酒井商店に入り丁稚奉公の道を選んだことが彼の人生にとって何物にも代え難い経験になり、その後の自信を形成する端緒となったのは言うまでもない。

このため、出光の社員教育はすべての社員が下積みから経験するカリキュラムとなっていた（今はどうか知らないが……）。私は技術系社員として、初任地を製油所の装置運転部門で過ごした。そこで三年間、交替勤務に従事したが、先輩の中にはそれ以上の期間、交替勤務をされていた社員もいた。事務系でもガソリンスタンド勤務を長期間することは当たり前であった。現場の仕事を知らなければ、一人前とは認めて貰えない不文律の様なものが当時の出光の社内にはあったのだ。

第六章　出光佐三の育った明治という時代

明治の精神に学ぶべき

出光佐三は明治に生まれ、明治の末期に青雲の志をもって事業家としての道を歩みだした。鎖国から開国、日清・日露戦争を経験し日本が大転換した時代である。その大転換において、国としても形を整え、欧米諸国に劣ることのない国づくりを求められた激動の時代であった。また明治は日本が、最も偉大な力を発揮した時代でもあった。建国以来の日本精神が世界的に爆発した時代でもある。日本人は世界無比の皇室中心の三千年の歴史を土台として培ってきた日本精神を堅持し、さらに外国文化を吸収し咀嚼して新生日本の建設を目指した時代であり、若者たちは、心身を鍛錬し、人としての基礎を固め、力を蓄え、国家のため己れを捨てて団結し、日本人として偉大なる力を発揮した時代であった。出光佐三はこの明治の精神に日本人の姿があり、その精神を学ぶべきであると唱えている。

そして、明治の日本はあらゆる場面にこの挙国一致の姿を現わして世界を驚かせた。明治という時代は、名もなき東洋の一孤島、漆の国日本が五十年にして世界五大国の一つになった時代である。この偉大なる時代を作った偉大なる力は、数千年来培ってきた日本独自の精神文明の力である。

日本が鎖国を解き開国した当時、清国は人口三億を有する世界の強国であり、陸海の大軍をもって東洋を威圧していた。その兵力をもって朝鮮に侵入し、壱岐・対馬を飛石伝いに九州に向かおうとした。新生日本が、一致団結して外国の軍隊と戦ったのは、これが最初である。「鎮遠」、「定遠」の八千トン型鋼鉄戦闘艦を中心とする清国の大艦隊に向かって、千数百トンの巡洋艦を中心とする弱小の艦隊をもって戦うしかなかった。樺山資紀海軍大将は、商船を改造した急ごしらえの戦艦西京丸に乗り、鼓舞激励し、黄海海戦の大勝利に繋げた。また陸軍も清国を朝鮮半島より追い出し、新生日本の国防軍として役割を果たしたのである。

しかし、戦後処理における日本と清国との講和条約にロシア・ドイツ・フランスが異議を唱え、所謂、三国干渉が惹起する。新生日本の台頭は、三国にとって不都合であり、特にロシアは、世界最大の陸軍国として威圧を加えた。この三国干渉に日本は涙を呑んで従わざるを得ず、大国には逆らえない国力の無さを痛切に感じ、渋々、遼東半島返還をしたのである。さらには日本が占領した遼東半島を清国に返還した後、ロシアは満洲に入り、旅順、大連を手に入れ、さらに清国に代って朝鮮への進駐の態勢を取って日本を脅かした。喰われるか、戦うかの土壇場に追い込まれたのである。日本の世論は、ロシアの南下に対して反発し、日清戦争に次いで日露戦争に突入せざるを得なかったのであるが、日本国民は一丸となって大国ロシアに挑んだのである。

しかし、世界各国の大方の予想を裏切り、世界大国ロシアに大勝した。その結果、開国以降、産業振興・富国強兵に励んできたアジアの小国を世界に知らしめ、君主である明治天皇の名も世界に轟いたのである。弱小国と思われていた日本ではあったが、長年にわたり培ってきた日本文明ともいうべき優れた潜在能力・精神文化で、瞬く間に欧米の最新の文化・技術を吸収したのである。

このように、短期間にして世界の五大国の仲間入りが出来た要因は、約二百年間の鎖国の時代に多くの独自の文化を育み、家内工業的であったがレベルの高い技術力や深い知識を蓄積していたからに他ならない。そうでなければ、一朝一夕に欧米の知識・技術を簡単に吸収出来る筈はなかった。明治時代に日本は一気に大躍進したかに思えるが、江戸時代という戦争のない平和な時代に庶民たちによって築かれた日本の独自文化が下地にあり、明治時代に新技術、欧米文化を受け入れられたことを忘れてはならない（江戸時代が明治維新の起爆源の役割を果たした）。

江戸文化は近代日本の礎

因みに日本の識字率は江戸時代すでに世界一だった。武士はほぼ百％読み書きが出来ていたし、庶民層でも男子の五十％前後が、読み書きが出来ていた。同じ時代の英国の下層庶民の場合、ロンドンでも字が読める子供は十％に満たなかった。武士の子供だけでなく一般庶民の子供も「読み、書き、そろばん」を学んでいた。義務教育ではなく自主的に運営された寺子屋に庶民の子供がこぞって修学していたという事実から、日本人の教育熱心さはうかがい知ることが出来る。庶民の間で人気の高いさまざまな出版物の出現、新聞の元祖「かわらばん」の存在が大きく、読書熱は想像以上に高かったといわれている。藩も藩校を開いて武士に学問や武道を教え、教育体制が整った。町や農村では寺子屋が開かれ、庶民や農民も学問ができるようになった。江戸時代の日本人の向学心や独創力には、眼を見張るものがあったのだ。参考までに明治時代に日本に急激な進化をもたらす基礎となった江戸時代の日本の文化度の高さの一例を示したい。

鎖国中といえども、海外の学問を積極的に取り入れ、日本独自のものに活かそうとした人もいた。杉田玄白らは、ヨーロッパの解剖書を翻訳した「解体新書」を出版し、蘭学の基礎を固めた。伊能忠敬は、ヨーロッパの測量技術を使い、正確な日本地図を作成した。海外の学問は、学者や専門家が私塾を開いて、庶民にも伝わるようになった。緒方洪庵は適塾を開き、オランダ人医師のシーボルトは、医学塾を開いた。関孝和は独自の発想で和算を確立し、円周率まで求めていたのである。

また、日本の学問では、本居宣長が『古事記』の研究に取り組み、約三十五年の歳月を費やして当時の『古事記』研究の集大成である注釈書『古事記伝』を著した。日本の難解な『古事記』を読み解いた『古事記伝』は、当時の人々に衝撃を与えた。それまでは『日本書紀』を正史とし『古事記』は副読本としての位置づけであったが、独自の価値を持った書とした功績は大きい。

学問だけでなく、庶民の娯楽や文化も活発であった。歌舞伎は舞台や演目が増え、落語や相撲なども庶民の支持を集めた。俵屋宗達が「風神雷神図」を屏風に描き、その影響を受けた尾形光琳など、名高い絵師が次々と現れた。町人の風俗を描いた菱川師宣の絵は、その後浮世絵として、喜多川歌麿、葛飾北斎、歌川広重に引き継がれていった。浮世絵はオランダを通じてヨーロッパに流失し、その構図等は高く評価されたのである。

文学では、十返舎一九の「東海道中膝栗毛」や滝沢馬琴の「南総里見八犬伝」などの長編小説が人気を呼び、俳諧の世界では、与謝蕪村や小林一茶が優れた作品を残した他、松尾芭蕉は、自身の気持ちや感情を表現し独自の作品を発表した。江戸だけでなく大阪、京都も発展し、その繁栄によって新しい文化が栄えた。井原西鶴は、「浮世草子」で武士や町民の生活を表し、近松門左衛門は、人形浄瑠璃で、身近な事件を題材にした台本を書いた。

演劇として発展した歌舞伎では、市川團十郎や坂田藤十郎などの役者が人気を集めた。

このように江戸時代の日本は学問や文化が花開いていた国であり、国としての力を諸外国は評価していた。アメリカやロシアが江戸時代の末期に開国を迫って来航したが、彼らは日本の文化度の高さや技術力の高さについての情報を、唯一国交のあったオランダから入手していた。欧米諸国がアジア諸国を容易に植民地支配出来たのは、日本ほどの文化や技術を持たなかったからである。鎖国をしていたと雖《いえど》も、前述のとおり高い文化度の日本は手強い相手であり、通商条約を結ぶことで日本を利用しようとした。日本は戦う相手ではないと考えたのである。

このように開国から明治維新に至る流れの中で、数々の偉人が誕生し、諸外国からの軋轢《あつれき》を受けながらも独立国として威信を保つ努力を重ねていたのである。そのような明治の指導者たちの働き方を見ながら、感受性の強い出光佐三は育った。

出光佐三を取り巻く環境、風土、時流が重なり合い、そして巡り会った人たちの薫陶を受け、類い稀なる日本屈指の実業家が誕生するのである。日田重太郎翁という生涯の恩人と巡り会うことがなかったなら、実業家出光佐三は生まれなかったかも知れないが、見方によっては、彼の能力を日本の社会が必要としており、八百万の神々が、日田重太郎翁と引き合わせる役割を担ったとも思えるのである。日田翁と出光佐三との出会いは、偶然ではなく必然だった。

第七章　皇室と共に歩んだ日本民族

皇室の素晴らしさを説く

出光佐三は皇室に対して畏敬の念をもって接していた。先述のとおり、福岡県宗像郡の出身で近くには宗像大社があり、天照大神の三人のお姫様である宗像御三神が崇められている。天照大神は皇室のご先祖様であり、宗像の人たちは古くから皇室に対して特別の親しみと畏敬の念で接していたのである。出光佐三も氏神様としての宗像大社をごく自然な形で崇拝するようになった。また祖父母や土地の多くの人たちから、宗像大社に纏わる美風を聞いて育った。現在の核家族化した日本では考えられないが、このような日本の原風景を残す環境で育ったのである。この日本の原風景は後世に残していかなければならない。

出光佐三は日本文明が生んだ皇室の素晴らしさを機会があるごとに社員や関係者に伝えていた。その中で、皇室と外国の王様や皇帝との違いを判り易く説明している文章を紹介する。

外国のエンペラー、キングと大きな違いは日本の皇室は征服者でないことである。元来、日本の祖先は「無欲」であり、共に手を携えて生きる「和」の国であった。その中心にあったのが万系一世の皇室であり、皇室を中心として日本が歴史を紡いできたのである。それに反し、外国の祖先は「我欲」である。無欲と我欲の絶対相容れない二つの源から発して数千年を経過する間に、全く相容れざる二つの民族とに分かれたという簡単な話である。

我欲の先祖は我欲を充たすために国民を征服し、善悪を問わず虐殺し、財産を没収し、搾取し、文化を破壊し、そして自らは金殿玉楼に居て豪奢な生活に耽り、次の征服者に備え城壁の中に籠っている。これが外国のエンペラー、キング、皇帝、国王の在り方である。

この征服者は長くて二、三百年しか続かず、次の征服者に滅ぼされている。被征服者である一般国民からすれば、常に生命財産の危険に晒され、保護してくれる人がいないから、個人の自由、権利を主張するようになるのは当然の帰結である。その結果、征服者と被征服者との間に個人主義、権利思想による対立闘争が起こる。

これが日本以外の世界の現状である。戦後、日本もこの影響をうけて混乱していることは認識しておかなければならない。

これに反し、無欲の日本祖先は、国民のために悪いものをなくすという、所謂平定をされたのであって、政治の理想を身をもって実行された。皇室は悪いものは滅ぼされたが、虐殺はされていない。そして質素な日常を送られているから国民に対する搾取はない。国民からみれば、自分の生命財産はいつも皇室から保護されており、ここに皇室に対する感謝の念をもつようになり、皇室の恩を知ることになった。ただ日本にも外国の征服者に準じた幕府政治があった。ある点では搾取をやり、豪奢な生活を送り、城壁の中にこもり、そこに封建制の悪習もおこったが、国民を征服することは出来なかった。

それは皇室を中心とした国民が許さなかった。皇室の教え、國體のあり方によって、国民は恩という事実を体得している。この恩という事実を知っているのは世界中で日本民族のみである。

そこでここに国の恩に報いる忠義という、征服の国、権利思想、対立闘争の国では絶対理解出来ない道徳が生まれている。

また親の恩に報いる孝がある。世間の恩に報いる義理人情、これは日本独特の考えであって外国には事実がないからアテ字もない。社会の恩に対して自分から進んで報いようとするのが尊い犠牲心となる。これは外国では他人から搾取されることになる。お互いに尽くすということから無我無私がでてくる。外国の無我無私はなにもないということであるが、日本の無我無私は人格においても実力においても、自分がすぐれたものをもっておるということが前提であり、その実力をお互いのため用いるということである。

これが無我無私の尊い実体であるが、外国人には想像もつかないことである。お互いに譲り、お互いに助ける、これが互譲互助であるが、譲るということは外国では権利の放棄、邪道、罪悪となる。いかなる国の人も日本の互譲互助を理解した人はいない。

こうした日本の道徳の根幹が外国では全然事実がなかったり、反対の罪悪になるということは、日本と日本以外の民族とは、その民族性が根本的に違っているということである。

終戦後日本では、道徳は低級でモラルは高級であるように教えられているが、モラルは征服者が被征服者を治めるために法律、機構、組織をつくる。これに従うことがモラルであって、書いたものを守るということである。日本の道徳とは根本的に相容れないものである。そこでモラルからすれば、合法的、順法精神であれば何をやってもよいということになるが、日本の道徳からすれば許されないことが多い。これに対し道徳は、お互いに平和に幸せに暮らすという真心から出るものであって、押しつけられ書いたものではない。モラルからすれば、鉄道を止めたり、郵便を止めたり、先生がストライキをして国民に迷惑をかけるのは、合法的、順法精神であるが、道徳からみれば絶対に許せないことである。このように考えてくると、モラルは道徳のある人が用いる時はじめて活きた立派なものになる。

道徳を離れてモラルを悪用しているのが現在の世界的世相であり、日本もこれにまきこまれている。明治天皇は道徳の日本人に帰れとお訓しになっている。神のあり方についても日本以外の国は全然ちがう。哲学は論議すれば、何万巻の本になるかもしれないが、その目指すところは人もわれもお互いに平和に仲よく暮らすということである。日本の神々は、この哲学を身をもって実行された祖先であり、それが伊勢神宮、宗像御三神そして明治神宮その他の神社である。人を神に祀っているのは日本民族だけの尊い姿である。

これに反し征服の国では、哲学は学問として説かれているだけで、実行は絶対に不可能であるから、哲学は天にましますす神となっている。ここにそのことを証明する事実がある。日本の道徳、被民族性は仏教、儒教によって出来たように錯覚している人が多い。ところが仏教、インド哲学は、征服の国インドでは滅び、中国でも発達せず、また中国に生まれた儒教も被征服の国、中国ではあまり発達せずに、建国後千年たった日本に渡来している。

仏教、儒教で日本の道徳ができたとすれば、それらが渡来する以前の日本は何をしていたのかということになる。インド哲学、支那哲学が日本にくる前の千年は、聖徳太子が「和を以って貴しとなす」憲法をつくられているように、和の道徳を実行しておった國體である。すなわちわれわれの祖先は千数百年間、哲学をすでに実行されておったということである。丁度、公害のないところに、公害をなくする学問が不必要なように、哲学を実行している日本に哲学が不必要だったのは当然である。そこにインド哲学、支那哲学が渡来して、日本の哲学の土地に育てられると同時に、日本の文化を発達させ、ここに両々相まって日本の道徳、民族性、國體を磨きあげたということである。本末を転倒してはならない。

我欲による対立闘争で行きづまっている現代の世界を救うのは、日本の真心から出た和の道徳以外にはなく、これを明治天皇がお訓しになっている。実に万古不滅の尊い教えである。

世はいかに開けゆくともいにしえの
　国のおきてはたがえざらなむ

かって「人類の進歩と調和」というテーマの博覧会が開かれたが、これはいかに世界が開け進歩しても、お互いに助けて仲よくする和の精神、真心の道徳がなければ、核爆弾により全人類は全滅の危機にさらされているということである。

お互いに譲るという道徳を守れとお訓しになっているのである。これをあらわしているのが京都の御所である。

京都の二条城のごとく城壁をめぐらしている彼らのエンペラー、キングのあり方からすれば、二千年ちかく平地に無防備で暮らされている京都の御所のあり方をみて、外国人はどう感じるかである。世界の理想は、紛争や戦争が無くなることであるが、それを理屈でなく事実として、数千年ちかくにわたり実行されているのが日本の皇室である。

御所の無防備の姿は、世界の理想であり平和の象徴である。外国人に京都の御所の無欲のあり方と、我欲の二条城のあり方を見てもらいたい。

日本の皇室と彼らの国のエンペラー、キング　のあり方が根本的に違うということがわかってくるようである。


江戸時代末期、諸外国の圧力により、鎖国政策から開国に向けて舵を切った日本。その日本を配下に置こうとしていた欧米列強の予測を裏切り、瞬く間に先進国と肩を並べる近代国家に生まれ変われたのだが、これには大きな訳がある。日本が世界無比の約三千年の長きに亘り培ってきた民族性を基盤とした文化が、明治という時代に一気に花開いたと言っても過言ではない。明治維新は、歴史の連続性がなければ一朝一夕には成し得られなかった快挙でもあった。日本は、国境線は海という島国であったからこそ、独自の文化が育まれたとも言える。しかし忘れてはならないのは、諸外国に見られる武力による征服者の国ではなく、武力を行使せずに国を治めてきた皇室の存在を抜きにしては考えられない。

皇室があったが故に、日本は素晴らしい独自の歴史を紡いでこられたのである。皇室を敬う文化が、日本文化を育ててきたのであり、皇室があったから戦国時代といういわば内戦を経験したにも拘わらず、国民は常に平和を享受してきたのである。

冒頭に述べたが、新入社員の集合教育で「皇室」を学ぶカリキュラムがあり社外講師が招かれていたのを私は憶えている。講師の名前までは思い出せないが、京都から来られた新聞社の方だったと記憶している。その講師の次の話が特に印象的であった。

外国の君主は、宮殿に住んで、贅沢の限りを尽くしている。大衆から搾取をしている。

北京の王宮も実に贅沢であり、フランスでは宝石をちりばめた大殿堂がある。ロシアも同様である。イタリアには、昔の王宮の贅沢の形がそのまま残っている。しかし日本の皇室は、実に質素である。京都の御所には紫宸殿があり政《まつりごと》をする役所で、その裏に天皇のお住まいの部屋がある。すべて実に質素なものだ。皇室のような質素な暮らしをしている豪族などいない。皇室と外国の君主との違いは歴然である。外国ではそういうことをやるから、次の征服者に備えて自分は城壁の中に住まなければならない。城壁の中に住んで、身を守っていなければならないのである。京都の御所は、平地に無防備でありいつでも攻め込める。しかし御所を守る必要はなかった。それは国民と一体となっていたからである。国民が皇室の恩を感じているから、これを攻める人はない。いかに征服者である幕府も、これを攻めるわけにはいかなかった。御所を攻めたならば、幕府そのものが国民の制裁を受ける。という状態で、平地に無防備で何千年も存在できたのは、日本の皇室だけである。

他の話もあったが、子供の頃から御所を何度も見ていた私は、この話を聞いて感動したことを今でも覚えている。また、出光社内勉強会の「自問自答会」でも皇室について学び、議論したことで、次第に皇室を理解するようになった。皇室の存在が、日本が独自の文化を育んでこられた要因であり、日本人は皇室を戴いていることを誇りに思わなくてはならない。大変残念なことであるが、戦後の学校教育において、誤った価値観が導入され、皇室を国民と並べて考える風潮が蔓延するようになっている。アメリカをはじめとする連合国は皇室を中心として一致団結できる日本国が理解出来ず、また特攻隊に見られる我が身を捨ててまで戦う犠牲的精神を持っている日本人に恐怖を覚え、日本人が二度とアメリカに立ち向かわなくさせるため、占領下に置いて徹底的に洗脳教育を施したのである。

嘆かわしいことに自国の歴史を学ばない日本人によって「皇室」の権威までも損なわれ、皇室の伝統行事にまで口出しする国民が存在している。

佐三が危惧していた風潮

余談だが、特に感じるのは新聞、テレビ他マスコミの皇室の最近の報道である。その昔、女性セブンのような週刊誌が、皇室を身近なものにするために天皇陛下や上皇后陛下を特集した時代があった。陛下、殿下の呼び名を使わなくなったのもその頃からだと記憶している。これも歴史を知らない反日日本人の手によって日本解体、皇室解体を目論む戦略であるに違いない。反日日本人により日本人洗脳工作が始まっていると考えられる。皇室について、我ら国民がとやかく言うべきでないことを肝に銘じたい。

このような風潮はまさに生前、出光佐三が危惧していたことであった。皇室だけでなく、日本の歴史までも歪められる時代になっている。何度も言うが、日本と諸外国とは文化が違うのであり、迎合する必要もないのである。自分の国の歴史に自信と誇りを持たなければ、将来において三千年もの長きにわたって守られてきた日本文明が崩壊することになる。

戦後七十年以上が過ぎ、皇室の在り方は大きく変わった。一時期において天皇を神格化し、その存在が誇張された時代もあったが、いつの世も皇室は、日本の存在そのものであった。残念ながら大東亜戦争終戦後のＧＨＱによる占領政策を経験したことで、皇室の尊厳を貶めたり、皇室の伝統を継承することに異論を唱える人たちが存在しているのも事実である。そのような人たちは戦後の日教組教育を鵜呑みにして、またアメリカの誤った民主主義を取り入れているだけに過ぎない。良からぬ風潮が蔓延る前に、何としてでも日本の皇室の伝統を守り、日本の本来の姿を取り戻さなければ、日本の将来は危ぶまれるのである。

出光佐三が唱え続けた、皇室は諸外国とは違い、征服者でないことを日本人は理解し、後世に伝えなければならない。

第八章　出光商会創業から開店初期の苦難

石炭はあと五十年で尽きる

出光佐三は、福岡県宗像郡という地方の町に生を受けたが、日本人として、愛国者に育つ恵まれた環境にあった。また人間には「運」というものが付き纏うが、それにも恵まれた。高等小学校を卒業時には下関商業への入学も視野に入れていたが、身体が弱く一年休養した。この事で新設された福岡商業に入学するのである。また上級の学校に進学するのだが、神戸高商には商業学校卒業者にも門戸を広げる特別枠があり、この制度を利用したのである。また神戸高商は設立間もない学校で、学生数も少なく、新進気鋭の教授陣から密度の濃い授業を受けることが出来たのである。さらには神戸高商の初代校長は、まだ四十歳の若い水島銕也校長であり、水島校長は東京高商を卒業し藤田組に勤めた。その後、横浜正金銀行に入り、ニューヨーク勤務を経験、頭角を現した。頭取までなったと言われる切れ者であったが、身体を悪くし、母校東京高商の教授から神戸高商の教授に移られたのである。水島校長は、経済界の現場にも精通された。その経験を活かし、世界で活躍する経済人を養成することに尽力されたのである。この水島校長から出光佐三は大いに薫陶を受けた。自伝でも述べているが、神戸高商で多くのことを学び、充実した四年間を過ごしたのである。先述したように学生時代に、人生の師となる人たちと巡り会えたことは、出光佐三にとって精神的に大きな財産を築くこととなった。

特に水島銕也校長は、生徒の一人ひとりの家庭の事情を問い、また何か困ることはないかと問うような面倒見の良い人であった。これが出光商会の家庭的雰囲気に影響していることは言うまでもない。

出光佐三は父藤六に諭され、商人の道を選び、独立自営を決意するのであるが、どのような事業を始め、どのように営むべきか葛藤したが、出光のその後の人生を示唆するものがある。それは、三年生から四年生にかけて纏めた「筑豊炭及び若松港」と題する卒業論文である。この論文は毛筆で丁寧に書かれたもので、実物は神戸大学の出光佐三記念館に保管されている（門司港近くにある出光美術館の店主資料室にはコピー等が展示されている）。内外の石炭生産量、主要各地の消費量、輸送状況、可採炭量などを細かく調べたうえで、筑豊炭鉱と若松港の発展性を占い、さらには石炭と石油の将来性を比較検討している。感心するのは、膨大な資料を読破しているだけではなく、夏休みを利用して生産地や主要港の状況を自らの足で歩いて調べていることだ。筑豊炭鉱と若松港を取り上げたのは、自分の郷里に近いからだろう。この時代、石炭はまさに黒いダイヤであった。主エネルギー源として隆盛をきわめていた。国内消費だけではなく、輸出までしていた。ところが、出光佐三は卒業論文全六章あるうち、第五章で「石炭の将来」を取り上げ、可採炭量から計算して、石炭はあと五十年ほどで尽きると予測している。

この論文を提出してから、ほぼ五十年後、筑豊炭田で三井三池の石炭大争議が発生、石炭は斜陽の坂道を転がり落ちる結果となった。争議が起きたのは、石炭労働者の賃上げが出来なくなったためだが、その背景は採算の合う石炭の採炭量が著しく減ってしまったことが原因であった。出光佐三の予測は的中したことになる。

出光佐三は石炭に対する石油の有利な点を挙げている。採掘に労力がかからないこと、エネルギー量に比べ積み込みの重量が減ること、煤煙がないこと、積み込みと荷揚げに時間と手間がかからないこと、遠距離の輸送が可能なこと、管理が容易なこと、等である。不利な点も挙げている。例えば、扱いを誤ると危険なこと、燃焼する場合、特別の装置が必要なこと、供給が不安定なこと、堅牢な油槽を作らなければならないこと、等である。この様に石炭と石油を比較検討した結果、石油の方に軍配を挙げる。この論文を出した明治四十二年は、石油の勃興期で、世界市場を支配する国際石油資本が生まれる前後のことである。情報量も少なく、その伝播力も今とは比べものにならない時代だった。一学生の意見としては、驚くべき予見力と言うべきだろう。このほか、石油と石炭とが競争する舞台は上海と大連であること、日本の石炭業を伸ばすには官僚統制は避けるべきことなどを指摘している。いずれも、その後の出光の歩みを示唆する指摘である。

論文は、やがて事業家となる学生というよりも、国家政策を論ずる視点で書かれている。並外れた思考力を有しており、二十数歳で国のエネルギー政策を論じていたとは驚きである。日本の偉人となるべき人物の出光佐三は頭角を現し始めていたのである。

新生日本がおかれた立場を考えれば、当時の学生たちが天下国家を論ずることは当たり前であり、自分たちが何とかしなければ、他国（欧米）に滅ぼされる、という切羽詰まったものがあったに違いない。そんな国民の意識が「塊」となって、明治時代に日本は大きく進化したのである。しかしそれを可能にしたのは、江戸時代に培った日本人気質や、単一民族としての同族意識、帰属意識が土台にあったからである。

明治時代を牽引した人たちは、江戸時代に育ち、江戸時代の教育（藩校、寺子屋）を受けた人たちであるが、彼らの基礎力・吸収力・咀嚼力は半端ではなかったのだ。長崎の出島を通じて、江戸時代には世界の情報はある程度知り得ていたと思うが、短期間に語学だけでなく欧米の最新技術を自分たちのものにしたことは奇跡に近い出来事である。また技術指導と称して多くの欧米人が招聘されたが、言葉も通じない彼らから学ぶことは並大抵ではなかった。しかし、それが成されたのだから凄い時代だったのである。「火事場の馬鹿力」という例えがあるが、日本人全てが国家の危機にあって想像を絶する「馬鹿力」と「団結力」を発揮したのが明治時代であったのだ。

出光佐三は、日田重太郎翁という腹の据わった支援者のお陰で、国力を高めるための重要な役割を担うエネルギー産業に飛び込むのである。出光佐三の神戸高商の卒業論文のエネルギーに対する着眼点と将来展望には学者も顔負けの感が否めない。そのような志をもって独立するのだが、独立当初は辛酸を嘗める事になる。二年間の酒井商店での丁稚奉公で、現場経験を積み少しは自信を持っていたが、理想と現実の違いを、身をもって体験するのである。

石油販売業の第一歩を踏み出す

明治四十四年六月二十日、郷里にも近い北九州門司に本拠を定めて出光商会を開店、齢いまだ二十五歳の若き出光佐三は、自己の抱く理想を実現すべく、独立自営、石油販売業の第一歩を踏み出した。

門司は、明治の初年には塩田と漁港だった。門司ケ関という小さな漁村だったが、明治二十二年に築港が始まり、二十四年に九州鉄道が開通するや博多や下関とともに石炭や米麦の積出港に指定された。さらには筑豊炭田で石炭が採掘されるようになってから、ブームが訪れていた。また、当時の日本は、日露戦争後の財界反動期ではあったが、九州門司地区は進展期に当たっていた。急激に発展しつつあった筑豊炭田および北九州工業地帯を控えて、港湾施設も次第に整備され、一般物資の移輸出入も年々増大して、かつての石炭積出港から国際的中継貿易港へと変貌の途上にあった。出光商会が開業した頃には人口五万人を超えており、安田銀行、三井銀行、日本銀行、大阪商船、日本郵船等の企業や支店が進出し、さながら九州の玄関のようになっていた。また玄界灘、東シナ海を控えて、朝鮮、満洲、台湾、中国本土に連なり、わが国対外進出の一大拠点ともなっていた。このような時期に、門司で創業したことが、やがてその後の出光海外発展の一大要因となるのである。

出光草創時の数年間は、事務所を門司市東本町一丁目に置き、倉庫は露月町に借用して石油の貯蔵、現場作業場に当てていた。事務所の正面には、神戸高商の水島校長揮毫による「士魂商才」の横額を掲げた。番頭は父の友人である井上庄次郎、弟の泰亮が丁稚、身の回りの世話は妹のタマがした。やがて、兄の雄平、弟の佳月、弘が加わる。そのほか従業員五人、そして炊事係のおばあさんと大所帯である。開店早々のこととて店員はわずかであったが、出光佐三を中心として店員いずれも二十歳、三十歳代、発剌とした陣容をもって日常事務に、外交販売に、あるいは現場作業の手伝いなどに、早朝から夜遅くまで立ち働き、店内には活気が満ち溢れていた。

開店すると、出光佐三は早速、日本石油下関支店長の谷川湊を訪ねている。谷川支店長は、神戸高商を卒業して務めた酒井商会からの旧知の間柄であった。出光佐三は開口一番「日本石油の代理店にして欲しい」と申し入れた。谷川支店長は、出光佐三に何を扱いたいのかと尋ねたところ、回答は「潤滑油」（当時は機械油と呼んでいた）であった。谷川支店長は「それは無茶だ。今は消費の多い蒸気機関から消費の少ない電動モーターに変わりつつある。だから潤滑油の消費は落ち込みつつある」と諭したという。しかし出光佐三は、酒井商店での経験から、潤滑油は販売が難しいが安定して売れると考えていた。事実、酒井商店での売上高の半分は潤滑油が占めていたこともあり、石油関係の仕事がしたいとの意思を貫いた。

実際は谷川支店長の言ったとおりであり、出光佐三は潤滑油の見本油を持って工場廻りをしたが、さっぱり売れなかった。しかし、何度も足を運ぶうちに、現場の人が気の毒がって椅子を差し出し、「そこに座って機械の様子を見ていなさい」というので見ているうちに、どういう油がどの機械に合うのかを会得するようになった。この工場での現場体験が、後の満洲鉄道向けの冬期用車軸油の製品開発の基盤となるのであった。

また、創業当初から出光佐三は、店員の育成には心を砕いた。日常業務の指導はもちろん、月一回は社員全員を自宅に招き、膝をまじえて自分の理想とする主義・方針を説き、あるいは社員およびその家族の生活にいたるまで面倒をみたのである。創業時の大変忙しい時にも、社員は家族との基本方針のもと、若き店主を中心に和気あいあいとした家庭的雰囲気のなかに、一致団結して奮闘する独特の社風を形づくっていった。出光佐三の創業時に示した経営理念の基となるのは、神戸高商の恩師や日田重太郎翁からの教えであり、大きくは「人間尊重」「大家族主義」であった。

詳細について後述するが、この項では事業経営の基礎固めの苦悩について述べたい。

出光佐三の苦悩は続くが、そんな中にあっても会社の基盤を築く契機となる良き理解者との出会いも忘れてはならない。出光佐三は人に恵まれた人生であった。出光佐三の真摯な経営姿勢を見捨てる者はいなかった。また、学窓で学んだ知識の上に、経営者として得難い経験を積むことにより、将来を見る眼や勘を育んでいった。

明治紡績の安川清三郎と岡田音次郎

出光佐三の意気込みに反し、潤滑油は少しも売れなかった。毎朝早い列車に乗り、潤滑油の入った見本ビンを携え、筑豊炭鉱地区に営業に出掛けた。

そこでは石炭運搬用の車（トロッコ）が沢山使用されていた。そこに車軸油、グリース、機械用油等を販売しようと目論んで営業活動を始めたのである。

門司から汽車を乗り継ぎ筑豊地区に足繁く通った。しかし新参者の油屋を相手にしてくれる者はほとんどいなかった。たまに会ってくれても、叩きあげの多い購買係からは見向きもされなかった。当時は、平然とリベートを要求する購買係もいた。真面目な出光佐三は、納入業者の立場も忘れ、そんな購買係には食って掛かった。そんなこともあり、潤滑油の販売は思うようにはいかなかった。

日田翁から貰った八千円は次第に減っていき心細くなった出光佐三は時折、日田翁に弱音を吐いたこともあった。

こんな挫折を味わったこともあり、活動の矛先を炭鉱地帯から戸畑の工業地帯に向けた。官営の八幡製鉄の開所以来、八幡・戸畑地区には、大小の工場が林立し始めていた。工場の門をくぐり、購買係に名刺を差し出す毎日を繰り返した。そんなある日、明治紡績の工場を訪問した。

当時の明治紡績は従業員が約六百五十人。一万六千の紡績機械を持つ大工場であった。工場長は安川清三郎。のちの安川電機の創立者となった人物である。

工場は大きかった。質素な事務室に作業服を着て、ゴム長靴の大男が座っていた。てっきり事務員だと思い、購買課はどこかと尋ねると、気軽に案内してくれた。これが工場長の安川との出会いであった。風通しの良い、活気の溢れる工場だった。

明治紡績の技師長である岡田音次郎は、購買課員が連れてきた出光という風変わりな若者に感心した。油屋なのに、すぐには油を買ってくださいとは言わない。聞いてみると、神戸高商の卒業だそうだが、知識を振り回すことはしなかった。相当に苦労しているらしく、広い額からあご先までなめし皮のように褐色に日焼けしている。二、三回で焼けた色ではなく、何度も塗り重ねていったような焼け方である。若者は商売人のように腰は低くはない。さりとて倣慢でもない。ややぶっきらぼうに、しかし、真剣な表情で「工場を見せてくれないか」と言うだけだった。

工場を見せてやるくらいならかまわないと岡田は思った。この頃、産業スパイなどはいなかった。それに、明治紡績の機械設備はこのあたりでは抜きん出た性能を誇っていたから、真似しようにも簡単にはできはしない。「いいよ」と答えると、若者は毎日のように通ってきた。「エンジンルームやスピンドル（紡錘機）の前で技手が気を遣って差し出した椅子に座り、機械が回り、油が落ちる様子を観察している。のみならず、ときどき歩み寄り、指の先に潤滑油をつけ、匂いを嗅いだり、なめてみたりしている。こんなことをする油屋は初めてだった」と岡田は述懐している。

暫くして、出光佐三は三本のビンを持って岡田を訪ねた。スチームエンジン用、スピンドル用、そして車軸用の見本を示した。潤滑油は原油の性質によって違い、パラフィン系、中間系、ナフテン系になる。このうち、パラフィン系はワックスが多く含まれていて潤滑油としては良質とされている。だが、この頃はパラフィン系もナフテン系もなく、ただの「潤滑油」で一絡げに扱われていた。ところが、出光佐三は用途別に調合してみた。出光佐三の考えは、スピンドルは一分間に数百回も回るから粘度の低い、さらさらした軽い油の方が良い。油そのものが少しでも機械の回転を妨げないようにしなければならない。スチームエンジンは、それほど軽くなくてもいいし、車軸油は重くて黒い油で間に合う、そんな具合に、いくつかの油を混ぜ合わせ、明治紡績の工場で使う油を用途別に苦心して調合したのである。

幼い頃、出光佐三は実家の紺屋の作業場で父親が藍を混ぜ合わせ色を調整していたのを見ていた。原料のちょっとした具合のさじ加減で色合いが変わってくるのを不思議に思っていたからだ。この少年時代の経験が活かされたのである。

それまでの納入業者はメーカーから仕入れた製品を、そのまま販売していたが、出光佐三は子供の頃に体得した調合という考え方を潤滑油の販売に取り入れた。また、岡田は出光佐三の説明に新鮮な驚きを感じた。こいつはただの若者ではない。製品を仕入れて、ただ売りさばくだけの特約店だけでは満足していない。きわめて実証的で研究熱心な姿勢に敬服した。岡田は出光佐三からの購入を決定した。出光商会にとっては、初めて大口の商談が成立したのである。潤滑油に限らず、納める品物は相手の使用目的に合ったものにするというやり方は、このときから始まった。既存の品物を持ち回り、ただ「買ってください」と頼むだけでは売れはしないということを、炭鉱地帯での苦労で十分に学んでいた。もし、苦労せず簡単に売れていたら、出光商会は油をただ右から左に売るだけの商社になっていたかもしれない。品質に差をつける考え方を導入したのである。それを見抜いた明治紡績の安川工場長、岡田技師長も素晴らしい人たちだった。出光佐三の熱心さが工場の幹部の心を動かしたのである。

弟泰亮によれば、出光佐三はいつも粘度計を持ち歩き、粘度や引火点を調べていたという。出光佐三が調合した潤滑油の質は、世界最高級といわれたヴァキューム社の製品に引けを取らないうえ、安かった。

出光佐三の研究熱心さ、品質第一を貫く姿勢、また消費者本位の考え方は、当時の石油販売業者と比較しても、一歩も二歩も先をいっていた。

明治紡績で、まとまった商談は出来たものの、事業を上向きにするほどの力はなかった。日田翁からもらった八千円は相変わらず減り続け、底をつきつつあった。いつの間にか開業してから三年の月日が過ぎていた。窮状を打開するために、もがき続けていた。出光佐三の苦悩は、まだまだ続くのである。

山神組の白石庸次郎

門司は水産業の盛んな土地でもあった。門司港には多くの漁船が浮かんでいた。当時、日本の沿岸漁業は変革期にさしかかっていた。従来の帆船に代わり、発動機付きの漁船が急速に普及しつつあった。中部幾次郎が国産第一号の発動機付き鮮魚運搬船を造ったのが明治三十八年である。

翌三十九年には、静岡水産試験場の「富士丸」が初めて発動機船による鰹釣り操業に成功して以来、鮪はえ縄漁業なども動力化が進み、さらには刺し網、底引き網、まき網などの沖合い漁業も発動機を積みつつあった。

ところが、漁師たちは石油会社の言いなりになって値段の高い灯油を使っていた。出光佐三は、彼らに値段の安い軽油を売り込もうと考えたのだ。関門には林兼商店（のちの大洋漁業）、下関水産、門司水産、関西漁業、山神組（のちの日本水産）などの大手漁業会社が軒を連ねていた。出光佐三は以前から多少の顔見知りだった山神組に的を定めた。下関を本拠地とする大手業者である。その宿舎に上がり込んだ。「軽油の方が安い。おまけに燃費は軽油の方が上だ。魚は鮮度が命だろう。使ってみないか」とやにわに演説を始めた。裸でごろ寝をしている船員たちは、妙な奴がやってきたと思った。そのうちあきらめるだろうと無視をしていたが、なかなか諦めない。いつまでも軽油の効能について講釈を垂れてやまない。その中にいた白石庸次郎という、水産講習所（のちの東京水産大学）出身の男が「待て」と叫んだ。出光佐三の言うことを聞いてやろうと言った。山神組は発動機付きの運搬船を三十七隻持っていた。燃料費が削減出来るのなら、これに越したことはない。白石は同じ水産講習所出の部下に出光佐三の言うことが本当か調べさせた。その結果、軽油を使えば燃料費は半分で済むと部下は答えた。それなら買ってやろうかと白石は応じそうになったが、当時は、油の特約店には地域別の縄張りがあり、門司の会社では納められないのではと出光佐三に問うたところ、「陸の上では売りません。海の上なら問題は起きません」と返答した。咄嗟に出た悪知恵であったが、この仕事を取らなければ、一族郎党が路頭に迷う瀬戸際の状況であった。白石は苦笑しながら出光佐三の提案を受け入れたのである。

ポンポン蒸気と呼ばれた当時の焼き玉エンジンは、構造的には灯油だろうが軽油だろうがエンジンが動くことは、出光佐三は百も承知で軽油を売り込んだのである。

しかし、漁師たちは、上質な灯油かガソリン以外を使うとエンジンが腐ってしまうと馬鹿な知識を教えられていたから軽油使用には抵抗した。排ガスの匂いがきつく、頭が痛くなるという苦情が続出したが、白石は「四六時中、機関室にいるわけやなかろう」と押し切って使ってくれた。白石庸次郎も出光佐三にとっての恩人の一人に数えられる。

また、出光佐三はアイデアを考え出した。弟の弘と協力して、海上でも正確に油の量を測れる計量器まで発明したのである。下関の中村造船所と松岡ブリキ店に発注して、その計量器を積んだ給油船を建造した。商売は漸く軌道に乗り始めたが、陸の特約店は面白くなく、親会社の日本石油に苦情を持ち込んだ。日本石油は出光佐三を呼び出し、「なんとかならないか」と諭したが「海の上に、下関とか門司とかの線でも引いてあるのか」と出光佐三は聞き入れなかったという。この頃から出光佐三は「海賊」と呼ばれるようになったのである。

映画「海賊とよばれた男」はフィクションの部分も多くあったが、海の上での給油は真実である。ただ出光佐三役の岡田准一は、些かオーバーアクションであり、出光佐三のガラの悪い人物のイメージを観客に植え付けた気がする。出光佐三はもっと紳士であった（脚本家の想像が独り歩きしては困る）。

自動車の普及への対応

出光佐三は、潤滑油に限らず、石油製品の販路拡大を必死の思いで探っていた。

大正の初期、南秋田郡金足村の黒川油田から今までにない量の原油が湧き出た。好奇心旺盛な出光佐三は、秋田県まで足を延ばし油田を見学している。

経営者らしく、現場を見ないと収まらなかったのだ。現地で地中から湧き出した原油は、まるで生き物のように盛り上がり、勢い良く付近の谷に流れ、田畑に満ち溢れていたという。日本石油史上最大の発見である。親会社である日本石油の株価は、鰻登りのように高値を更新していった。現代では考えられないことだが、未だエネルギーが石炭依存の時代であり、日本は使いきれない油を手にした。

出光佐三は、神戸高商時代に纏めた卒業論文の「石油時代」の到来を確信したのである。

また秋田から門司に帰る途中、東京に立ち寄ったが、自動車が急速に増えていたことに驚いた。明治四十一年に全国で九台だったのが、明治四十三年には百二十一台、大正二年には八百九十二台と急速に増加していたのだ。

石油の用途は、それまでは光源（灯油ランプ）などや、暖房用の燃料、潤滑油であったが、自動車用燃料として大幅に消費が拡大すると予見した。東京の光景をみて、石油業を選択したことに自信を膨らませていった。

いずれ九州でも自動車は普及すると思ったが、店の経営基盤を安定させるために、当面は九州地区での石油販売に力を注ぐことにした。

出光佐三の凄さはここにある。神戸高商で学んだことを基盤に、夢の実現に向け、一歩ずつ、諦めず歩を進めていくところである。また、技術者でもないのに率先垂範して消費者に適した商品を工夫・研究する姿勢は異彩を放っていた。

当時、秋田で大量の石油が出たからとの情報で、店の経営も覚束ない時に、九州から秋田の現場まで出掛けることなど、当時の経営者は思いもつかないことであった。

出光佐三は、常に先、先を見て考える人であり、大局を見つめる癖が備わっていたのである。

余談ではあるが、出光佐三は、この時点でいつかは製油所を所有する構想を描いていたという。後述するが、昭和三十二年に出光最初の製油所を徳山に完成させたが、建設中から次は石油化学工場を隣接地に建設し、コンビナート化することも計画していたという。日本の石油産業の将来を考え先手、先手を打って行動していた。

これは出光佐三の長男昭介氏（出光興産名誉会長）から直接聞いた話であるが、製油所設備の購入交渉の段階での渡米時に、まだ計画にもない石油化学の調査も命じられていたという。しかし数年後にはそれを実現させたのには驚かされる。

常に中長期計画が頭の中に描かれており、その計画を実行するために常に先を見て行動していたとは超人としか言いようがない。

話しは戻るが、当時、潤滑油を調合して、工場で使用する機械に適した粘度の商品を提供するなど誰も考えもしなかったことを、平然と始める凄さも兼ね備えていた。明治時代は、兎に角、舶来商品をそのまま売り捌く時代に、お客に喜ばれる商品を開発し、提供することに目を向け、尽力した。

現在では当たり前ではあるが、商品の差別化であり、顧客満足の商売を、明治の創業時から始めていたのだ。

神戸高商で学んだことや考えたことを、石油販売という現場で実践した。

出光佐三は晩年、創業時「死ぬほどの苦しみを味わった」と話しているが、商売を軌道に乗せるため、寝ても覚めても考え、また考えに考え抜いて、当時では斬新な商売の形を生み出していった。

子供の頃から得意技だった考え抜くことが結実したことになる。

出光の社是である「消費者本位」の実践が創業時から行われていた証である。

だが、創業時から数年間は出光佐三にとって苦しい時代が続いた。日田翁に「もう別の商売をやろうか」と弱音を吐いたらしい。日田翁は出光佐三を追って神戸から門司に移り住んでいた。もちろん、日田翁は「とんでもない。初志を貫け」と背中を叩いて励ましたという。

第九章　出光精神

出光佐三は、創業以来、人間尊重、消費者本位を基本理念として、人が中心の事業経営を目指し、実践してきた。幾多の困難にも接したが、常に理想を追い求め、事業を芸術の域まで高める努力をした人物である。社会情勢も刻々と変化したが、その変化を冷静に見つめ、陥り易い罠に嵌ってはならないと例を示し諭したのである。

社内では「奴隷解放令」という言葉で教えられたが、出光佐三が永年に亘る経験から学び得た、七ケ条からなる規則のようなものであった。

出勤簿がない、定年制がない、労働組合がない、残業手当を社員が受けとらない等々から、出光は風変りな会社だと言われていたが、出光佐三自身は特別のことをしているとは考えていなかった。日本人が、ごく自然に日本人らしく経営しているだけだと述べていた。日本人には世界無比なる歴史や伝統に裏づけられた底力があっただけだとも述べている。また出光の経営哲学とも称されたが、本人は哲学にも興味はなく、考えてもみなかった評価をされ戸惑っていた。

出光の哲学ではなく、それは日本民族として育んできた精神や行動が哲学として評価されたのだと語っていた。日本哲学が存在すると言いたかった筈だ。

難しい理論を振りかざして事業をしてきたのではなく、人間が人間以外のものに振り回されず、人間の自然の姿で物ごとを決めれば良いとの考えで生きてきた。そういうことを、出光佐三は言いたかったのであろう。具体的な奴隷解放項目は次の通りである。

（一）黄金の奴隷になるな

（二）学問の奴隷になるな
（三）組織・機構の奴隷になるな
（四）権力の奴隷になるな
（五）数や理論の奴隷になるな
（六）主義の奴隷になるな
（七）モラルの奴隷になるな

この七つの奴隷解放令なるものを、創業以降、社会の変化や風潮を冷静に見極め、日本の歴史を踏まえて正しい事業経営に向けての指針としてその都度、社員に示してきたのである。

奴隷解放と言えば、人が人を収隷として扱うなという意味で捉えられるが、出光佐三の唱えた奴隷解放は、人が人以外のものに束縛されるなということである。

出光佐三のこの考えは現代にも通用する考えである。時代は進化し、昔には考えられなかった道具が発明され便利な世の中になったが、人以外のものに振りまわされているのは事実である。そこに現代の混乱と行き詰まりの原因が横たわっている気がする。

出光佐三は、日本人は他民族と違って、物質文明の国ではなく精神文明の国であると信じていた。ところが明治時代に精神文明だけではいけないとばかりに、西洋の物質文明も取り入れた。しかし、物質文明が余りに派手で魅力的であるため、次第にその虜となってしまった。特に大東亜戦争に敗れて以降、日本解体を目指すアメリカの占領政策によって精神文明の徹底的な破壊工作がおこなわれた。

本来の日本人の美風であった、心や精神の良きものを見失ってしまったのが戦後の日本であると出光佐三は分析した。

日本人が、一日も早く物質文明の虚しさに気付き、日本人が培ってきた精神文明を取り戻し、さらには世界の人々に人としての生き方を手本となって示すことが役割だと唱えていた。晩年、出光佐三は「日本人にかえれ」「日本人の世界的使命」と題して各地で講演をおこなっていたが、日本文明なるものの優れた点を誰よりも理解し、世に問うていたのである。次に出光佐三が唱えた七つの奴隷解放について詳述する。

黄金の奴隷になるな

【事業は金儲けではない】

出光佐三の神戸高商在学中は、日露戦争直後で、欧米の物質文明が横行していた。まさに黄金万能の時代であった。人よりは金が全てであり、金さえあればという時代であった。特に当時の大阪商人などは、商品を買い占めては売り惜しむ、いわゆる投機によって金儲けをしていた。そんな阿漕ぎなことをする商人でも、目先の利くすぐれた商売人であると言われていた時代を見て過ごした。

しかし、出光佐三の価値観は違ったものであった。「人が大切である。社会は人間が作ったものであり人間が中心でなければならない。金がなんだ、黄金の奴隷になるな」と、自分自身の戒めの言葉としたのである。

明治四十四年、門司で出光商会を開店するに当たり、この理想をそのまま社是として掲げたのである。「金の威力、実力を無視するのでも否認するのでもない。ただ金の実力を肯定しつつ人間が金の上にありたい、金を活用する時代を作りたい、一にも金、二にも金の世の中より逃がれて、一にも人、二にも人、三にも人の世の中にしたかった」と青年としての理想に燃えての船出であった。

また社員にも次のような訓示をした。

「出光商会は金儲けを目標として出立したのではない。一生働いて働き抜いてみよう。それも各個バラバラに働くのではない。一致団結して働こう。これが人間の生まれてきた所以であり、国家に対する責務であり、社会人としての道である。しかしながら金力を無視し、軽視することは自己破滅である。将来の事業資金は蓄積せねばならぬ。ただ、将来の事業の伸展をじゃまするような儲け方をしてはならぬ、その本末を誤ってはならぬ」。

神戸高商、酒井商店で学んで得た知識・経験を商売という場で証明しようとしたのである。自分の描いていた理想を実現しようとしたのであるが、開店直後に不明を悟ったと述懐している。

「世間をあまりに軽く見過ぎていることに気がついたのである。人が金を使うということは当然すぎるほど当然の理想であり、書生論であり、自ら苦しみの種子を蒔いたようなものであった。限りある資本で年々伸びゆく仕事を賄いうるはずがない。しかも金持の金は断固借りないこととした。借りれば私の主義は曲げさせられる。金儲けを目的とさせられる。これは私の絶対にとらない道である」

とある。

後述するが、出光佐三は終生、株式公開を拒み続けていた。配当等で金持ちの金儲けの片棒を担ぐことだけは避けたいと、開店当初から考えていたのである。

一方、日田翁から戴いた資金は減るばかりであり、相当な挫折感を味わったようである。日田翁に泣き言を漏らしたのもこの頃のようである。

しかし、普通の経営者と違うのは、働くことは国家に対する責務であり、社会人としての道であると考え、さらに我武者羅に努力した。その真摯な姿勢がやがて取引先の目に留まり、少しずつではあるが顧客を増すことに繋がるのである。

金儲けをするために開店したのではなく、世間に喜ばれる仕事をするのが目的であったということは、凡人が口にできる言葉ではない。国家の繁栄、国家への貢献が出光佐三にとってなにものにも代え難い生きる指針でもあった。

数年前、トランプ前大統領の出現で「アメリカ・ファースト」「国家第一主義」が復活したが、明治に生まれた出光佐三にとって「国家」に貢献することが至上の喜びでもあったのだ。ひと頃「グローバル化」の波が押し寄せたが、出光佐三が生きていたなら、国家観を持たない経営者を一喝したに違いない。

学問の奴隷になるな

【丁稚奉公】

出光佐三は明治四十二年神戸高商を卒業した。卒業して直ちに酒井商会に入り、丁稚奉公をした。当時の神戸高商は、他の大学を尻目にかけたほどの学校であった。卒業生はほとんど一流会社に就職したのだが、出光佐三は敢えて店員が二人しかいない酒井商会に入り丁稚奉公をやったのだった。

何故、このような形で社会に出たかといえば、小さいことをやりぬける人間でなければ大きいことはやれないと考えたからである。また、神戸高商卒の肩書だけで大会社での地位を与えられるが、下の者の気持ちが理解できなくなる、人を使う立場になるには下積みを経験すべきだと考えた。現場経験を積み仕事の知識を会得した時に、初めて学問が活用できると考え、個人商店の丁稚から始めたのである。同窓生からも狂人扱いされただけでなく、神戸高商の面汚しとまで罵声を浴びせられたらしい。後に「学校を卒業したという気持ちがなかったから前垂れをかけ、角帯を締めて店頭で働くことが出来た」と語っているが、心を無にして取り組めたことにより、短期間に商売の「こつ」なるものを学べたのであろう。

また、「丁稚奉公をしなかったら、今の自分はなかった」と言わしめる程に出光佐三にとって充実した期間であった。卒業証書を捨て、学問・知識に頼らず、社会に飛び込んだからこそ多くのことを吸収できたのである。この経験から、出光佐三は入社式の訓示では、必ず「卒業証書を捨てよ」と繰り返し繰り返し話した。

新入社員の素質を最大限に伸ばすためには、先入観を持たず、白紙の状態で仕事に取り組めという出光佐三の親心からの訓示であった。

組織・機構の奴隷になるな

【第二の定款】―人間の真に働く姿を顕現して国家社会に示唆を与える―

出光は大正六年に大連営業所を開設し、南満洲一帯に販路を拡大していった。また満洲鉄道への潤滑油（二号冬候車軸油）の納入を契機に北支山東省まで進出、やがては奉天、哈爾濱まで店舗を開設していった。しかし昭和六年の満洲事変を契機として国の内外の情勢は急転し、昭和十二年の支那事変により戦争時代に突入した。

当初は大陸は自由競争であったが、戦時統制へと急転換していった。軍が行う戦時統制は法律、規則、組織をつくり、人員ばかりを集めた。出光佐三から見れば物流を知らない素人が非効率な体制をつくり上げたため、この軍の方針に反対し、出光は種々の提言を行ったが、陸軍省兵器部から睨まれる結果となった。その頃出光は多くの出先機関を有しており、独自の効率的な配給体制を築いていたが、戦時体制の名のもと石油協会が設立され、出光はじめ多くの石油業者が組み入れられていたのである。その協会という組織を運営するために、新たな人員として二百人が投入されたのである。出光佐三は戦時体制だからこそ、組織機構を簡素にすることが急務であると軍に進言したが、結局、受け入れられることはなかった。

当時政府の称えた少数精鋭や、国民総力発揮などの言葉はスローガンにすぎず、能率の低い組織で配給事業を開始したのである。

満洲、北支ではこのような無駄な組織で配給事業が行われたが、この有様を一部始終を見てきた経験から、「組織・機構の奴隷になるな」と唱えた。

ただ中支においては出光に任されており、少人数体制で配給事業が行えたと記録にある。後述するが、中支での出光の仕事ぶりを評価していた陸軍の中村儀十郎大佐は、蘭印インドのパレンバンはじめ南方地区の石油配給事業を出光一社に委託してきた。南方広域（フィリッピン、タイ、マレー、ビルマ、ジャワ、スマトラ等）の配給事業を百数十名の出光社員で終戦まで見事に完遂した。

また海軍地域（セレベス、ボルネオ等）の石油配給も出光に任され、これも五、六十人でやってのけたのである。軍が統制の名をかりて組織機構をつくり、人間の力を無視した方法に対し、真に働く人の力、一致団結する人の力のいかに偉大なるかを実地に証明した。出光が組織・機構の奴隷にならなかった証である。文字通り、出光社員は「真に働く姿を顕現し、国家社会に示唆を与えた」のであり、出光佐三は当時、権勢を振るっていた陸海軍にも大きな影響を与えたのである。

権力の奴隷になるな

【努めて難路を歩け】

出光佐三は、社員に対し口癖のように「苦労人になれ」と言っていた。人としての実力を養成するには自ら進んで困難に当たれとも言っていた。「艱難汝を玉にす」のとおり、困難にぶつかって鍛え上げられて強くなった人は、遣り甲斐のある仕事に巡り会える。またさらに進んで自分から努めて困難に立ち向える力もつくのであり、その繰り返しで人はどんどん成長できると、常に社員には、困難な仕事から逃げるなと教えた。

出光佐三の人生も困難の連続であったが、一番の困難への挑戦は、終戦からの再興を目指した時であろう。廃墟と化した日本に中国大陸や南方の島々から帰還する社員をどのように処遇するかの決断を迫られたのである。

前述のとおり、資産を失い無一文になっていたが、社員を一人も馘首することなく受け入れる覚悟を決めたのだ。出光佐三は創業時の理念を貫き、社員は家族であり放り出すことは出来ないと言って、全ての社員に仕事を与える決断をしたのだ。自ら困難に立ち向かったのである。

その時の様子が社内資料に残っているので紹介する。

終戦により海外から八百人もの社員が帰ってきた。戦争の結果であり、これは国家事業として受け入れて、彼らの生活を安定させる義務があるといえるが、敗戦後の政府にその力はなかった。口にすることは容易であるが、実行ということはなかなかできない。幸いに実行するように追いつめられた方向になってきたから、私が引き受けて一人も首を切らなかった。このことは社内でも非常に意見が対立した。「店主は気が違った。馬鹿げておる」と罵られた。しかし私は「千名が乞食になるようなことは私には許されない、首は絶対に切らない」といって首を切らなかった。

このことは一般の常識からいうと馬鹿げておる。そのときはこの一千名に仕事を与えたならば、自分は隠退するというのが私の心境であった。一千の人に仕事を与えるという目的に対して安易な道はあった。安易な方法で石油を売って皆に仕事を与えることはできた。当時、石油界は強大なる国際石油カルテルが日本に上陸して、日本の市場を独占しようとしていた。安易な道を選ばんとすれば、そのカルテルの傘下に入っていっしょになって金儲けをすれば良かったのである。しかし、これは出光人として許すことができない。社会国家に示唆を与えんとする出光が自分の金儲けに走るということはできない。出光は石油消費者のために日本の石油市場をカルテルの独占と搾取から守らなければならなかった。

社員の雇用を確保するためには、何か事業を始めるしかなかった。タンク底油集積・農業・水産業・ラジオ修理販売・印刷・醗酵等、雇用確保のため、あらゆる仕事を手掛けたのであるが、出光佐三は、国のため、消費者のため、社員のために占領下の日本を外国の石油資本から守ることを決断したのである。

当時、戦前からあった石油会社は外国資本を受け入れ会社を再開させたが、出光だけは外国資本の軍門に下らなかった。国は敗れたりと雖も、将来の独立を妨げるような外国資本を受け入れることはしなかった。戦後の食べる事が精一杯の時にでも、権力には屈しないとの信念は曲げなかったのだ。

出光佐三が安易に妥協していたなら、現在でも、日本の石油市場は外国資本に牛耳られていた筈だ。

数や理論の奴隷になるな

【十三対一の戦い】

戦後の日本では、エネルギー源は石炭に代わって石油が中心的地位を占めるようになった。しかし、この石油は戦前から世界各地で巨大な資本を投下していた国際石油資本の努力によるものであり、彼らはカルテルを結んで市場を独占し、不当に価格をつり上げて消費者を困惑させていた。これらの国際石油資本により、世界の国々は産業の発展を阻害させられることもあった。

戦前、出光においても、満洲・朝鮮・台湾・支那本土において幾度も苦しい経験をさせられた。常に米英の石油資本の激烈な販売合戦の渦中に置かれ、日本の業者はしばしば窮地に追い込まれはしたが、海外では日本の石油販売会社が協力して自由な競争体制を形づくっていた。

ところが戦後の石油業界は、進駐軍の権力を背景として、カルテルの力に負けて、昭和二十四年初め元売業者制度の発足と相前後して、精製各社は相次いで外国資本石油会社の資本を受け入れたのである。業界の姿は戦前とは一変した（進駐軍の連れてきた石油顧問団はメジャーで構成されていた）。すなわち、提携によって日本石油はカルテックス、東亜燃料はエクソン、三菱石油はテキサコという具合に、わが国の主な石油会社は次々と外国資本石油会社の軍門に下っていったのである。

日本の石油会社は外資との提携により、製油所再開の条件として提携会社の原油を買い取る義務を負わされたこと、また原油購入先まで指定されただけでなく、買取価格まで押えられてしまうという、日本の石油業界にとって大きな禍根を残すことになった。

この不平等な提携をみて出光佐三は「日本の市場をカルテルの独占より救い、安価な石油を輸入すべきである」という主張を続け、政府にも幾度となく提言した。

世界中より安い油を消費者に代わって輸入し国家の損失を防ぐとともに、石油の消費拡大を促すことにより、外国石油会社にも門戸を広げることを提案したが、製油所を必要以上に建設し、製品輸入を制限し原油輸入を優先する政策がとられた。消費者を犠牲にして製油所を乱立させることの無責任さに出光佐三は憤慨した。

出光佐三は、国の石油政策は消費を主とするか製油所を主とするかとの議論をもって政府に迫った。すなわち「原油を輸入してつくった製品が良くて安いか、製品を輸入したのが良くて安いか。これを選択するのは消費者の購買権であり、一方的に石油業者が原油輸入を優先し製品輸入を制限するのは消費者の購買権を制限するものである」と主張したのである。

ここに、カルテルと結んだ国内石油業者十三社と出光とは、完全に意見の対立をみることとなった。いわゆる十三対一の戦いとなった。政府は出光の主張を正論と認めながらも、数の上で圧倒的な十三社の立場を採らざるをえなかった。多勢に無勢で出光の正論は押し込められ、出光は全く孤立無援となり、四面楚歌状態の中でも、カルテルに独占されない日本の正しい石油業界のあり方を訴えつつ、十三対一の戦いを続けたのである。

この戦いは十数年の長きに及んだが、次第に政府、石油消費者にも理解されるに至った。やがてカルテルも日本の石油市場を独占搾取する野望を捨て、日本の市場を積極的に育てることに方針を転換したのである。

永年の出光の主張が、その後の開かれた石油市場の礎となったのだ。出光佐三が消費者本位の確固たる信念を貫いたことにより、日本における石油販売での自由化の道を手繰り寄せたのである。

出光佐三が安易に妥協していたなら、未だに外資による石油市場の席捲は続いていた筈である。出光佐三が唱えた「数や理論の奴隷になるな」を実証した事例でもあった。

主義の奴隷になるな

【資本主義、社会主義、共産主義は要するに分配論】

出光佐三は社員に判り易く説明することが多かった。資本主義、社会主義、共産主義は日本人には適さない分配論であると教えたのである。

世界は資本主義、社会主義、共産主義の激しい闘争が展開され、我が国の国会でも自己の主張である主義を振りかざして論争が絶えない。しかし、その主義が目指すところは、すべて人類の幸福であり、住みよい平和な世界を作ることであるのに対立を続けている。

出光佐三は同じこと（平和・福祉）を目指しながら対立闘争するのは大きな矛盾だと結論づけているが、確かにそうである。さらに資本主義、社会主義、共産主義は単なる分配論にすぎないと一蹴している。また「主義」と称するものは日本人には必要ないものであるとも述べている。

何故なら、日本は精神文明の国であり、「足るを知る」を大切にしてきた国柄である。諸外国の物質文明は、悉く金や物に囚われる人たちの国だと手厳しい。主義とは、物の取り合いをしているだけであり、物の分配だけが問題となる。資本家に、多く分配するか労働者に多く分配するか、それとも全員に平等に分配するかだけの議論である。日本には昔から「質素を旨とせよ」とか「贅沢を慎め」などの教えがあって、この分配論は、馴染まない考え方である。また日本人にとっては分配論などで対立闘争することは滑稽とまで出光佐三は述べている。

日本は三千年の昔から皇室中心の助け合いの独自文明を育んできたのであり、奪い合い対立を繰返してきた民族とは相容れない。「主義」について議論や対立闘争するのは、日本の素晴らしさや精神文明を知らずして、外国の物質文明にかぶれた人たちなのである。

出光佐三は「平和・福祉の道は自己主張ではなく、自己尊重であり、対立闘争ではなく、相互尊重であることに気づいていない」と述べているが、そのとおりであり、日本人は自分たちの国の素晴らしさを知るべきである。

主義の奴隷になるな、と説いたのはそのような根拠からであった。

モラルの奴隷になるな

【モラルと道徳はちがう】

出光佐三は終生、心から皇室を崇敬していた。生まれが皇室にえにしの深い宗像大社の近くでもあり、また土地の人たちと共に、皇室との繋がりを大切にする風土があった。

出光佐三の皇室を戴く日本人としての誇りは並大抵ではなかった。また皇室の歴史にも精通していた。前述したが、私たち社員も皇室について学ぶ機会も多く、また新入社員教育ではカリキュラムに組み込まれていた。

出光佐三は戦後の日本人がアメリカにかぶれて、自分の国を蔑む風潮に危さを感じていたからだ。

これは、日教組教育の為せる業であった。特に道徳とモラルの違いを理解せず、モラルを道徳と訳せば同じ意味となるが、「モラルは非常に高級で道徳は低級なものである」と教えられ信じている日本人の多いことに憤慨していた。アメリカの占領政策は、日本人に贖罪意識を植え付け、二度とアメリカに立ち向かわせない戦略であったことを未だに理解出来ない愚かな人がいる。占領洗脳工作は大成功だったのだ。

またマスコミも片棒を担ぎ、戦後、進駐軍が定めたプレスコードを遵守している新聞社もある。戦前の日本の教育を全否定し、特に道徳は日本を戦争に導いた諸悪の根源とされ、日本は封建的国家だと決めつけたのである。

欧米のモラルに基づいて、珠玉の言葉の詰まった教育勅語を葬り去り、日本の三千年の歴史も学ばず、教育基本法、労働三法を定めたのである。

極めつけは日本国憲法である。国際法（ハーグ陸戦条約第四十三条）では占領下の国に対して、憲法を定めることを禁じてあるにも拘わらず、短期間にアメリカ人が作成した俄かづくりの違法憲法を七十年以上も後生大事に有難がっているのは異常である。

（参考）ハーグ陸戦条約第四十三条

国の権力が事実上占領者の手に移った上は、占領者は絶対的な支障がない限り、占領地の現行法律を尊重して、なるべく公共の秩序及び生活を回復確保する為、施せる一切の手段を尽くさなければならない。

兎に角、戦後の混乱時期でもないのに、未だに日本人が創案した憲法を制定できない問題意識の低さには驚くばかりだ。また憲法改正は占領軍の憲法を認めることであり、改定ではなく新たに自主憲法を制定すべきである。

話を戻すが、モラルと道徳の違いについても、出光佐三は我々社員に判り易く説明していた。また社内教育用に「道徳とモラルは完全に違う」と題した小冊子に纏めている。

その中にも記述があるが、モラルとは、我欲の征服者であるエンペラー（皇帝）キング（国王）が大衆を治めるために、法律・組織・規則をつくり、大衆にこれらの法律・組織・規則に従わせることにある。法律・規則といった紙に書いたものを守るのがモラルであり、その文章に沿って合法的とか、順法精神という被征服者の考えで行動するのである。これに対して日本の道徳は、お互いに仲良く平和に暮らすために人間の本心から、自然と湧き出たものである。すなわち、「無我無私」「互譲互助」「恩」「犠牲心」「義理人情」等がそれである。

出光佐三は「道徳は紙に書いたものではなく、人間の真心から出てくるものだ」と力説していた。

つまり道徳とモラルは異なり、日本人の精神を説いたものだということである。

最近はあまり行われなくなったが、関係ない人にまで迷惑をかける鉄道、バス会社のストライキ等は、「モラル」の観点からいえば合法的であり、順法精神に反しないということになる。しかし日本人の「道徳」からは絶対に許してはいけないことである。つまり道徳心を持つ人によって、法律・組織・規則が作られ使用されてこそ生命を宿すのである。単に法律・組織・規則を道徳心のない人が使用すると、権利だけを主張し、対立抗争に繋がるのである。つまりモラルは、自己主張の道具と化すのである。世界の対立関係はこの点にあると出光佐三は述べている。

道徳とモラルは全然違う、と日本人は認識すべきである。このモラルと道徳の違いを端的に的確に示しているのが、十七条憲法と日本国憲法の違いであり、教育勅語と教育基本法の違いである。十七条憲法は皇室を中心にしてお互いに譲りあい、助けあって和の形をつくりあげ、平和に暮らしてきた実態を聖徳太子が文章にされたものである。

出光佐三の言葉を借りると、「仏教や儒教が入ってきて、それまでの千数百年来の平和の実態に言語や理論を与えて形式的にできたものである。これは第一条の『和をもって貴しとなす』がはっきりと物語っている。これに反して日本国憲法は主権在民とか、基本的人権などというように外国の権利主義、個人主義、対立闘争の思想に基づいてつくられたものである。占領軍から押しつけられた憲法は、日本には不必要な憲法である。日本にはお互いに仲良くする憲法があればよいのである」。

教育勅語には日本固有の道徳が述べられているが、これを否定し外国のモラルを直訳したのが教育基本法である。日本人は日本の國體、民族性を基礎とした道徳こそが平和福祉の基礎であることを再認識しなければならない。

日本の「和の道徳」と外国の「対立闘争のモラル」との違いはなぜ出来たか、これは日本と外国の「祖先」の違いからきたものである。

外国の祖先は我欲、利己の祖先である。我欲、利己のためには善悪問わず征服する。そしてまた、我欲、利己の人が出て、前の征服者がたとえ善政を施していてもそれを征服する。この征服の形を象徴的に表わしているのが皇帝、国王で、彼らは城壁の中に立て篭もり、国民大衆はその周囲にいるという姿、これが征服者のあり方である。征服者は城壁で防備していなければ善悪にかかわらず、だれかに征服される危険を常に感じていた。外国の祖先はかかる我欲、利己の征服者であり、征服、革命の連続が外国の歴史である。国民からいえば搾取され、虐殺され、財産を没収され、文化を破壊されて、だれも自分たちを守ってくれる人はいない。生命財産の危険を常に感じていることになる。そこで国民は頼れるものは自分一人となり、利己主義、個人主義になる。そこに権利思想、対立闘争万能の姿、拝金思想、物質主義が生まれたのは必然であった。

これに対し日本の祖先は無欲、無私である。皇室は無欲、無私の姿、徳の形を国民に教えられ、国民を搾取したり圧迫したり、征服しようとする悪い者を滅ぼし平定された。「平定」と「征服」の違いである。そこで国民も皇室のあり方をみて、お互いに仲良く平和に暮らしてきたのである。さらに皇室は京都の御所を見れば判るように、実に質素にわがままをされずに暮され、国民は生命財産を皇室に守られてきた。もちろん日本にも力で征服しようとした者はいた。源平、北条、足利、徳川幕府がそれである。しかし幕府も皇室を無視することはできず、わがまま勝手は許されなかった。この皇室と武力・権力の幕府の違いが京都御所と二条城の違いである。御所は平地に無防備であるが、二条城は将軍がわずか一カ月滞在するのにも城壁をめぐらし、次の征服者に備えている。この二条城の姿が外国の皇帝、国王のあり方である。この無我、無私の皇室のあり方が日本である。日本人は対立闘争することなく、互いに助けあい、無我無私の皇室に感謝してきた。人の真心からでる道徳を実行してきたのが日本人である。

出光佐三は、日本人が永年にわたり培ってきた歴史・伝統を心の拠り所にして事業をおこなってきた。またその日本人を支えたのが皇室であったことを感謝していた。皇室がなかったなら日本は諸外国と同じ、我欲、利己の殺伐とした国となっていた筈であり、世界無比の歴史を持つ、「皇室」への感謝を忘れなかったのである。

出光佐三の唱えた「モラルの奴隷になるな」ということは、言葉を変えれば、皇室への感謝と崇敬を日本人は忘れるなと、いう教えでもあったのだ。

第十章　海外市場への進出

何故か日本人は閉鎖的な面がある。出光佐三が門司で石油の商を始めたが、旧来の体制をうち破り、新規業者が納入するのは並大抵なことではなかった。狙いを定めた筑豊炭田地区での飛び込み営業は、簡単に新参者を受け入れてはくれなかった。

出光佐三が神戸高商の卒業論文で、石炭は約五十年で廃れると予測した産業に挑戦したのは誤りだったのかも知れない。しかし、出光佐三は切り替えが早かった。早々に筑豊炭田地区に見切りをつけ北九州をターゲットに定めたことも功を奏した。当時北九州で最も大きな紡績会社であった明治紡績の門を叩くことで良い方向に歯車が回り始めた。明治紡績で工場長の安川清三郎と運命の出会いを果たす。安川工場長から前述の岡田技師長を紹介され、漸く明かりが見えてくる。研究熱心な出光佐三は明治紡績に設置されていた種類の違う機械を実験台として、それぞれの機械にあった潤滑油を調合し提案した。当時はアメリカの石油会社が開発した製品を加工もせずに納入するだけであったが、機械の特性に応じて、違う油を適正な比率で調合することを思いついたのである。幾度かの実験を重ね、とうとう納入に漕ぎ着けたが、明治紡績がこのような機会を提供してくれなかったなら、出光商会は早々と店を閉めることになっていたかも知れない。

その次は、山神組（後の日本水産）への漁船用燃料の軽油納入である。当時、漁船には発動機メーカーの仕様は灯油とされていたのを軽油に切り替えさせたのは日頃からの知識・技術の研鑽の賜物でもある。漁師たちは灯油以外の燃料は使えないと信じ切っており、考えを変えさせるには理論的な説明が必要であったが、研究熱心な出光佐三は理論的には軽油で十分であることを知っていた。山神組も燃費の改善と出力も上がることに異を唱える必要がなかったのである。こうして商売の基盤を固めていったのであるが、創業して間もない出光商会は、手広く石油販売を営んでいる同業者に比べては微力な存在でしかなかった。

しかし出光佐三の目指すところは遠大で、狭い国内市場に縮こまることなく、積極的に海外市場への発展を図り、満洲・北支・朝鮮・台湾などの広大な地域に進出していった。

この地域では既に外国の石油会社が強固な地盤を築いていたため、日本の石油業者にとっての未開拓地に進出することは困難が予想されたが、次々に起きる諸問題を、苦労を重ねながら克服し新規販路の拡大に努めた。特に南満洲鉄道（以降、満鉄）において使用油の根本的改良を図って、その大部分を国産油に切り替えることに成功したのは快挙であった。

満洲進出

日露戦争後はロシアが退却したこともあり、スタンダード石油、アジア石油、テキサス石油が鎬を削りながら満洲の市場を支配していた。

出光佐三はこの満洲市場進出を試み、国内では供給過剰であった機械油を満鉄への車軸油として売込みに成功したのである。大連には支店を設け、外国の石油業者と競争して販路を拡大していった。石油販売だけでなく、セメントや機械工具なども取り扱い、満鉄だけでなく、一般市民への販売を行った。特に満鉄には、苦労しながら外国石油会社に変わり出光が国産油の納入割合を高めていったのである。

そんな折、大正五年から大正七年にかけて満洲に大寒波が訪れ、車軸油が凍結するというトラブルが生じた。数百輛もの車輛の車軸が凍結焼損する事故が起きたのである。当時、満鉄では機関車はじめ客車、貨車に至るまでアメリカ製を購入していた。故に使用機械油はアメリカの規格を採用しており、潤滑油もアメリカから輸入されていた。ところが満洲では零下二十度以下となり、潤滑油が凍結し車軸を焼損させてしまったのである。この事故をみて出光佐三は北九州の明治紡績で確立した潤滑油基材の調合により、零下二十度以下でも凍らない潤滑油を開発したのである。

出光佐三の心血を注いだこの車軸油は二号冬候車軸油と名付けられ、満鉄車輛の車軸焼損を完全に防止することが出来た。また外国製の車軸油は対抗できず、出光商会の名を満洲に轟かせ、極寒の地満洲での鉄道運輸の支障を取り除いたのである。この事は満鉄への貢献だけでなく、国家的にも大きな功績であり、満鉄は出光商会に対し後年、感謝状と銀杯を贈った。満鉄から感謝状を贈られた出入り業者は、出光が唯一であった。

参考までに記すが、満洲では秋に収穫した各地の大豆を近くの駅の倉庫に集積し、その大豆を鉄道で大連港に運搬するのが主要な役割であった。ところが車軸油が焼けて運び出せなくなると大豆が腐ってしまい、満鉄は大損害を被ったのである。

新規参入業者として満洲に基盤を求め進出した出光商会ではあったが、思わぬ寒波襲来により、冬候用の車軸油を開発する絶好の機会を得て、それを他社に先駆けて成功させ得たのは、出光佐三の努力だけでなく、持って生まれた運の強さがあったのかも知れない。
いずれにせよ、外国の石油会社を押しのけて、満洲で確固たる基盤を築いたことは、日本の石油史上特筆すべき業績である。満鉄納入油の改良が、その後の出光商会の青島、朝鮮進出の契機となったのである。

満鉄での二号冬候車軸油の開発経緯については、出光の社内資料でもある出光佐三の生涯を描いた映画がつくられているので機会があればご視聴戴きたい。私は新入社員時代の集合教育時に視聴した記憶があるが、極寒の満洲で、車軸油の凍結試験をするシーンがあったことを今も憶えている。外国製品に対し、神話に近い絶大な信頼をよせていた満鉄の技術者を説き伏せ、極寒の状況で貨車を走らせ実験をしたのである。実証試験に用いられたのは、バキューム社、スタンダード社、出光製品二種、計四種の車軸油であった。この四種類の車軸油を使った、冬の満洲での試験走行であった。その結果、バキューム社とスタンダード社のものは凍結して車軸油が機能していないことが判明した（車軸が焼損する寸前だった）。

一方の出光製品の二種の車軸油である。通常品は少し流動性が悪くなっていたが潤滑性能には問題がなかった。そして出光佐三が新たに開発した車軸油は粘度に変化は見られず、全く問題がないことが証明されたのである。

その後、満鉄の担当者が変わり外国の会社の車軸油を使用すると必ず焼き付きをおこした。それで遂に出光以外の車軸油は使うなという厳命が出されたのである。嘘のような話であるが、満鉄の技術者たちは出光製品の優位性を認めたのである。

日本石油の特約店でしかなかった出光商会が、満鉄に対する主力納入会社としての立場を築いたのである。

朝鮮全土への販路拡大

出光佐三は海外各地への進出を目指していた。大連、青島についで京城に支店を開設（大正九年）して朝鮮半島に進出したが、朝鮮半島では既に外国資本のスタンダード社、ライジングサン社が、組合組織を利用した強力な販売体制を築いており、新たに出光商会が入り込む余地は少なかった。しかし満鉄への車軸油の納入実績を武器として朝鮮鉄道局に攻勢をかけ、冬候車軸油を中心に出光製品への切替に成功したのである。また北鮮の製材所、南鮮の精米所や漁船向けの機械油・軽油の販売を手掛けたが、当時の朝鮮では、灯油の消費量が著しく拡大しており、灯油販売を中心に各地に販路を拡大していった。外国の石油会社との販売合戦は熾烈を極めたが、総督府と折衝し、外国石油会社にとって有利な関税制度を撤廃させたことにより、対等での競争が可能となったのである。これにより、朝鮮における販売数量を伸ばしていった。

なお、総督府や政府との折衝は、出光佐三自ら陣頭指揮を執り、何度も東京、京城を往復して関税撤廃を実現させたのである。

しかし、出光佐三が苦労をして朝鮮全土での石油販売の基盤を作ったにも拘わらず、親会社の日本石油が京城に出店したことで、出光商会は販売地域の制限を受けるようになり販売量も減じるのである。永年にわたる出光商会の朝鮮での苦労が報いられることはなかった。

台湾全島への販路拡大

当時の出光商会は日本石油の特約店であり、親会社の制約が多々あった。朝鮮においては出光商会が苦労して販売網を構築したあとに、日本石油が進出してきて取り上げるようになった。台湾においても同様のことが起きた。

大正十一年、出光商会は台北に支店を開設した。台湾には油田が開発されていなかったが、台中の苗栗で油田が発見された。内地から移入する油は割高であったが、運賃の低減を図り、他社と対抗した。また台湾要地に店舗を開設し、石油製品だけでなく、セメント、カーバイトなども取り扱った。

ここでも、日本石油は台湾人特約店に便宜を図ったり、また新たに支店を開設したことにより、出光商会が築いた販売地域を侵食していった。出光佐三は、親会社の日本石油に再三抗議をしたが、日本石油の姿勢は変わらなかった。出光商会が開拓した商売を奪うやり方であり、出光商会を大きくさせないように仕向けられたと出光佐三は、後年語っている。

また、満洲でも日本石油は同じようなことを起こした。これが出光と日本石油との特約店契約を打ち切る契機ともなったのである。

第十一章　戦時体制における石油配給事業

出光佐三についての業績を纏めた社内教育資料は沢山あった。今でも大事に所有しており、本書を執筆するにあたり読み返してみたが、新たに知ることが余りにも多かった。この社内教育資料は、辞書のような厚いものが数冊あり、前述の自問自答会という勉強会で読んだのは、出光佐三の逸話の中でも世間の人でも知っている部分が中心で、意外と軍隊と絡む部分は学んだ記憶がなかった。忘れたのかもしれない。

今回、その辞書のような厚さの社内資料を読み返してみたが、出光佐三は国のために石油供給業者として信念を曲げず、軍部とも渡り合ったと記されていた。

出光商会の基盤は国内で固められたが、大きく発展出来たのは海外市場であり、そこで外国の石油会社との熾烈な競争に打ち勝ち、出光商会の名を知らしめた。満鉄への二号冬候車軸油の納入は出光商会にとって快挙であり、新参者の出光商会が認知されたのである。そこには九州の明治紡績で学んだ、機械に適した製品、使用状況を考慮した製品開発への拘りがあったからだ。

出光佐三の掲げた消費者本位の姿勢が評価されたことで、一気に信用を得ることになった。国内販売では既存業者との縄張りで苦労を重ねたが、新天地の満洲では出光佐三の力を存分に発揮出来る自由な市場があったことも幸いした。

しかし満洲事変が始まると、軍部にとっても重要な石油の供給体制に口を挟んでくるのである。戦時体制における軍への協力を強く要求されるようになるが、出光佐三は統制会社による組織は無駄を生じる原因であると見抜いて、軍に激しく抵抗した。そのため厄介な人物として、また出光を排除する動きまで出てくるのである。

「組織の奴隷となるな」との出光佐三の主張は軍の組織に対する苦言でもあった。

戦時下において出光佐三が会社存続の為にどのような行動をしたかを述べることとする。

満洲事変から支那事変

昭和六年の満洲事変を契機とする国内外情勢の急転、さらに日支事変の勃発によって自由主義を基調としていた我が国の経済界は、その様相を一変した。

時局の緊迫化に伴って国内経済の中核は軍部が握りはじめ、石油業界はじめ重要産業のあらゆる部門に対して国家権力による施策が急速に推し進められ、国家総動員法その他戦時統制法規が次々発令・施行され、寄合世帯の国策会社・統制会社・組合などが国内外の各地に設立された。現場経験に基づく企業の経営活動は、次第に難しくなり、経済界は軍の指導で設けられた国策会社等の運営に従事するだけであった。その状態は事変の拡大により益々加速していった。

過去、資本の横暴に屈せず、信念を貫いた出光佐三は、戦時統制が進む中、新たな法律に基づく組織の運営等を担うことは心情的には受け入れられなかった。

こうした組織機構倒れの施策は、政府部門間の摩擦、軍部の独善、権力の乱用となり、各部門で無駄や非効率な仕事が増え、国の総力発揮にも大きな支障をきたした。出光佐三は関係部署に都度提言し、その是正に全力を尽くした。

特に戦時における軍需石油の輸入確保は国家の要請であったが、迅速かつ適切な供給を困難にしたのが、統制の行き過ぎであった。

また国際関係にも重大な事態を招くとして、出光佐三は外国企業の締め出し策に対しては、徹底的に反対したのである。

さらには、戦時下の石油供給現場において国内、満洲全土はもとより、広大な支那大陸において簡素な体勢を築き、また消費者本位の配給業務を行い大地域小売業者としての本領を示した。また民需石油政策の推進に積極果敢な方策を講ずるなど、現場での経験を武器にその実力を遺憾なく発揮した。

このように国家的視野に立って、当局の誤った政策と戦い、軍官の一部野心家、戦争利得者の執拗な妨害にも屈することはなかった。万難を排して使命達成に邁進する姿は、他の大国策会社や統制会社などがもたついて機能を果たしていない状態のなかにあって、一際目立ったのである。出光社員の直向きな行動は出光の存在を認識せしめ、見識者からは強い支援を得たのだ。

次に大陸各地における出光商会の各地域での働き方について記す。

①満洲

昭和六年に満洲事変が起き、それから間もなく満洲国が建国された。そこでは軍部主導で石油専売体制が布かれた。出光佐三は満洲国における石油専売制には強く反対していた。現在は、石油の産地は中近東であるが、当時は主な産油国はアメリカであった。満洲ではアメリカから石油を購入していた。南方ではボルネオのタラカンやミリーで産出していたが、日本には殆ど輸入されていなかった。またスマトラ、ジャワ、ビルマ産の石油は、イギリスが輸入していた。イギリスは白油（揮発油・灯油・軽油）だけを本国に持ち込み、黒油（重油）は日本に運び、漁業用として供給していた、軍は何がなんでも専売体制を作り、軍主導で満洲の石油の供給を牛耳ろうとした。また当時は財閥が幅を利かせており、軍としては三井や三菱に対して少なからず反感をもっていた。当時は、供給先も考えず、兎に角専売体制に依り、安定した配給を軍指導で行おうとしていた。

しかし、そこには大きな問題があった。当時、満洲にあった米英の石油会社スタンダード、シェル、テキサコという会社を日本や支那大陸から追い出そうという考えがあった。ここに矛盾があるにも拘わらず、専売、専売と唱えて組織や機構さえつくれば、上手くいくような素人考えであった。

一歩下がって、統制にするにしてもどこから石油をもってくるかと言えば、英米の大会社、スタンダート、シェル、テキサコであり、そんな話が成り立つのかと出光佐三は問題点を指摘したが聞き入れられることはなかった。政府の役人たちは、米英の石油会社が石油を供給してくれる保障もないのに専売制をスタートさせた。

幸い米英の石油会社が石油を供給してくれたから事なきを得たが、専売制という非能率的な組織による、費用ばかり嵩む配給事業が始まったのである。

また満洲石油が油を精製して供給する体制も整ったが、多くの役人が投入されて組織をつくり、実務である配給業務は出光が大部分を受け持ったのであり、出光が、専売局の仕事を任されれば、多くの役人の投入は必要なかったと出光佐三は嘆いていた。出光が全ての事業を引き受けて、石油の輸入面で政府が便宜を図ってくれさえすれば、製品を満洲石油から引き取り、出光だけで簡素強力な体制が出来た筈であった。

満洲の専売制は、必要もない役人に仕事を与えただけの矛盾だらけの仕組みであったのだ。出光佐三が「組織・機構の奴隷になるな」と社員に伝えたのは、このことを経験したからである。

②北支

出光佐三は、組織・機構を作ることにより、如何に無駄が生まれるかを自身の事業経営で体得していた。中国本土おける政府や軍の方針に対して悉く反対した。配給事業も経験のない役人や軍人は体制を作ることに奔走し、組織の無駄について見直すことは怠ったのである。結局、出光佐三の提言は受け入れられず、石油協会は設立された。組織には委員会なども設置され、二百人近くの人員を委員や役人として受け入れたのである。行きがかり上、出光の社員も組み入れられた。委員会という組織を観察していると石油に関係ないような者までもが寄り集まり、協議しているだけだった。僅かの量の石油しか輸入出来ないのに組織を作ったのである。配給という実務に精通した者に責任をもたせ、計画的に配給業務を行えば、協会等を設立する必要はなかった。百何十人もの人手をかけて、またその配下には卸屋を組み込ませ、三菱も出光も入れたのである。屋上屋を重ねる仕組みでもあった。

ところが出光だけは元売から下部配給までを一貫して行った。他社は元売りの下にまた特約販売店のようなものを置いていたため、膨大な組織・機構となった。
出光佐三が最も戒めていた仕事の進め方であった。

③中支

中支においては、出光がタンクを建て、現地で所有した外貨でアメリカから揮発油、灯油を輸入した。揮発油は軍に提供し、灯油は民間に売り軍票を回収し、軍票の流通を活発化させ、そして軍票をドルに換えて、再び石油を輸入するという商いをおこなっていた。よって満洲の専売、北支の石油協会に対して、中支の統制機関は、役人から一人が出向き、出光からは二人が出向して、合計三人の体制で運営できていたのである。出光佐三の唱えた「組織・機構の奴隷になるな」を具現化した事例である。因みに組織・機構至上主義のように取り組んだ満洲では約二千人、北支では数百人の人員を投じて同規模の仕事に対応したようだ（出光昭介名誉会長の回顧談）。これは出光佐三が言う、真に人間が働く姿を示せば、機構は簡単で良いとの証明でもあった。

この体制が評判となり、満洲の専売総局、北支の石油協会から見学にきた。出光佐三は答えて曰く「この三人しかいない部屋は、小さい部屋ではあるけれども国宝だ。人間はこのように働かなくてはいけない。ということを見せる国宝的存在だ」と言い切ったのである。

そういう経緯もあり、出光の仕事の仕方は他と違って、組織を非常に小さくして簡素にした。政府は大げさな組織で、沢山の人を抱えてやった。この出光のやり方は、その後南方でも展開されたが、この中支での仕事の進め方が出光の配給業務の原点となった。

陸軍では、統制機関をつくって石油事業を独占し、その上に陸軍を位置づけた。海軍でも同じで上に座るという妙な考え方があった。それで中国本土に石油連合会社とか大華石油とかを作ろうとしたのである。出光佐三は「屋上屋を架してはならぬ」と盛んに唱えたが、役所や軍はなんでもかんでも上に上に、屋上屋を架して大組織にしないと気が済まなかった。「そんな大組織でやるもんじゃない！第一線で働く人だけを纏めて一生懸命働かせれば良い」と出光のやり方を説いてまわったのである。そのため、常に軍と出光佐三との喧嘩の種になったようだ。しかしこの考え方を終戦後まで貫き通した。要するに出光佐三は組織をなるべく小さくして、第一線にいる連中が精一杯働いて、それを纏めるために最小限度の組織をつくるべきだという考え方であった。しかし軍および政府は、まず大きな組織を理論的に考える、理論的に考えていけば、組織はどこまでも大きくなる、そして、その下に人間を配置しようするから、組織は巨大化した。出光佐三の簡素強力なやり方との争いが終戦まで続いた。満洲における専売体制に対する反論主張であり、石油連合会社との衝突でもあった。しかしこの主張や実績が陸軍省に評価され、この後の南方進出に繋がるのである。この様な戦時下における経験により「石油配給上の一些事と考えるべきにあらずして、人の真に働く姿を顕現して、よって国家社会に対する一大示唆となすべきである」という出光佐三の言葉に繋がるのである。

出光社員が組織・機構の上に立って人力を現場で示しただけの事と、出光佐三はさらりと語っている。難しく考えずに簡単に考えようとしたのが出光佐三の生き様でもあった。

④上海油槽所

出光佐三は、戦時下における中国大陸での国策である石油配給事業の前面に立ち、徹底して自分の主義・主張を貫き、政府、軍に対して意見し、逆らうので政府からは憎まれた。しかし憎まれたけれども、現地の陸軍には可愛がられた。何故なら、仕事をきちんとやり遂げるからだ。それで出光は、現地では重用されたが、政府からは徹底的に憎まれ続けたのである。内地では仕事がやり難くなったが、中国大陸に居場所を求めたことで道が拡がったのである。当時の中国は内地に比べ自由闊達な土壌があり、出光佐三は伸び伸びと軍などにも自己主張が出来たのである。

この戦時中の統制時代において思わぬ副産物ともいえる、出光佐三の人生をも変える出来事があった。

出光佐三が創業時、日本石油の特約店として石油販売業に取り組んだが、この日本石油がある面では前述のとおり中国、台湾、朝鮮での商売での足枷にもなっていた。この足枷が外れ、いわば対等の立場で商売が出来ることになるのである。

日本石油はこの戦時下において自分の商売を全部統制会社に渡した。よって日本石油と出光との縁もここで切れることになった。出光は日本石油の特約店から真っ裸になって解放された。それにより現在の出光の基が形成されるのである。国の統制という政策がなかったなら常に束縛され、現在まで日本石油の特約店のままであったかもしれない。統制が行われたため、日本石油と出光との縁が切れ、出光は自由の身となって、今日の出光興産へと発展していくことが出来た。その後も満洲や中国大陸、朝鮮、台湾で思う存分の仕事が出来るようになるのである。

特に中国大陸では大いに活躍をしたが、軍の野望派からは何かと目をつけられ虐められ、理不尽なことも経験することになった。上海に油槽所を建設したが、建設用地がなかなか手に入れられなかった。石油連合会社は上海の良い場所、浦東に大きな用地を払い下げて貰いながら、直ぐには建設をしなかった。出光は再三、軍に折衝し、漸く土地が確保できた（軍の中にも理解者がいた）。しかし石油連合会社の様な利便性の高い河岸ではなく不便な土地だった。またタンク建設は、内地から資材が入手出来ずアメリカの中古のタンクを解体して出た材料を現地で調達し建設した。一万トンタンクや五千トンタンクが建てられ、現地の陸軍の石油は確保され「日本人が初めて大陸にタンクを建てた」と言い非常に歓迎した。しかし陸軍本省兵器局は相変わらず出光を無視したのだ。何かと軍の方針に逆らう出光佐三は疎ましい存在であった。出光はこの上海油槽所を活用して、灯油を輸入して配給業務をおこなうことにしたが、軍から飛行機用のガソリンの輸入要請があり、ガソリンを輸入して満杯にした。また頻繁にゲリラが出没するため、自警団を組織して警備も自前でおこなった。その後、石油連合会社も内地から資材を投入しタンクを建設した。このタンクは出光の油槽所とは違い、現地の兵隊が警備した。そこで出光も軍にタンク警備を要請したが受入れては貰えなかった。出光は軍の要請で飛行機用のガソリンを輸入し貯蔵していたにも拘わらず自警団で貯蔵タンクを警備するほかなかった。だが石油連合会社のタンクは、軍の兵隊が剣付小銃で二十四時間警備をするという、大きな差のある対応であった。これ程、本省からは出光佐三は嫌われていたのである。しかし現地の軍幹部は、簡素強力な出光の仕事ぶりを高く評価していた。この後始まる大東亜戦争において、出光は大陸（中支）での実績を認められ一躍南方の最重要地域の石油供給を一手に任されることに繋がるのである。

大東亜戦争における出光社員の活躍

昭和天皇は、大東亜戦争を振り返られ、「石油で始まり石油で終わった」とご述懐された。まさにその通りで石油を絶たれた日本は自存・自衛の戦争に踏み切らざるを得なかったのである。大陸においても、戦争に向けて風雲急を告げている状態であったが、出光上海油槽所はアメリカより製品を輸入していた。当時アメリカでは戦争参加への世論は二つに分かれていたが、真珠湾攻撃によりアメリカ世論は参戦へと一変したことは周知のとおりである。この戦争は最終的にはアメリカのフランクリン・ルーズベルト大統領が仕掛けた戦争であった。人種差別、有色人種虐待が当たり前の白色人種にとって、開国以降、急速に台頭し軍事的にも近代国家への仲間入りを果たした日本という国が、疎ましくもあり、また欧米列強のアジア植民地支配という既得権益への脅威が根底にあり、日本を戦争へと引き摺り込んだのである。

余談であるが、あまり日本に関心を寄せなかった欧米列強だったが、日露戦争に日本が勝利してからは日本に対する警戒、敵対意識が強くなっていく。日清戦争は、清国と日本の謂わば有色人種の内輪喧嘩として傍観していたが、ロシアという白色人種を打ち破ったことに危機感を覚えたのである。特にアメリカは日本を仮想敵国と見做し、オレンジプランなるものを策定し、何度も改訂を加えたのである。いずれ日本を戦争で屈服させて属国もしくは植民地にすることも想定していた。

現に西欧列強の歴史を振り返れば、大航海時代と称して世界に進出し、各地で有色人種であった原住民の虐待、虐殺を繰り返し、時に民族までも滅ぼした歴史である。白色人種は羅針盤と火薬の発明により、世界各地に進出し悉く有色人種を迫害し大量殺害した。侵略をしたのは西欧列強だということを忘れてはならない。そのような当時の国際情勢の中、日本はまさに最後に残った獲物であった。しかし日本は鎖国から開国する中で、多大なる犠牲を出しながらも明治維新を成し遂げ、富国強兵、産業振興により、短期間に近代国家に変貌を遂げたのである。この日本の台頭は欧米列強にとっては許せないことであり、難癖をつけて日本潰しの機会を窺っていた。前述のとおり、日露戦争後、アメリカはオレンジプランを策定し、仮想敵国である日本との戦争を想定していた。また、第一次世界大戦後のパリ講和会議（大正八年）において国際社会に「人種差別撤廃」を提案した日本に対しアメリカが反発し徐々に対日圧力を強めていく。

大正十三年、アメリカの排日移民法の施行、昭和十四年の日米通商航海条約の破棄、昭和十五年アメリカの屑鉄禁輸、昭和十六年在米資産の凍結、石油の完全禁輸、とアメリカによる日本潰しのシナリオが進められた。日本は耐え切れず、自存・自衛の戦争を起こすが、戦争の大義はアジア諸国の植民地からの解放、人種差別撤廃でもあった。緒戦は日本の快進撃が続き、昭和十七年二月十四日インドネシアの世界有数の石油基地パレンバンを制圧、完全に戦争の主導権を握った（真珠湾攻撃に勝る大東亜戦争一大転換となる作戦が大勝利を収めたのだ）。

このパレンバンの石油基地を制圧出来たことにより、陸軍は早急に大量の石油の供給体制を構築する必要が生じた。開戦前、日本の石油備蓄は約七百七十万トンしかなかった。当時の日本の年間石油消費量は約五百万トンであり、これで戦争に突入したのである。一年程度で石油を使い果たす計算で、まさに土俵際であった（実際戦争が始まると、僅か半年で国内の在庫は使い切った）。開戦前の海軍の在庫は約六百五十万トンで比較的余裕があったが陸軍は約五十万トンしかなく、パレンバンで得られた約六百万トンの石油を各戦場に振り分ける裁量を陸軍は有していなかったのである。

パレンバンを中心とする南方地区で得られた石油は軍の需要を満たすことが出来たが、大東亜圏全域にわたる燃料供給対策の確立も急務であった。また、制圧早々の南方各地の民需用の石油配給も民生安定上疎かに出来ず、この体制を早急に軌道に乗せる必要に迫られた。現地の軍当局者は、南方において一大石油国策会社を設立して、昭南（シンガポール）に本部を、各地に支部を置き、その実務は各社から派遣した人員をもって当たらせる構想のもとに、数千名を要する膨大な機構案を作成し、陸軍本省の承認を求めたのだ。しかし、戦局は未だ予断を許さない時期にあって、満洲や中国大陸（北支）と同様の大きな組織を築くのは、あまりにも時局の認識を欠くものとして本省によって退けられた。中国戦線と違い、資源豊富な連合国との戦いに戦力を投入することが、連合国との戦争に勝つための手段として何事にも優先されたのである。陸軍省の燃料課はその対応に頭を悩ませていた。前述のとおり、陸軍の方針は満洲では専売体制、北支では国策会社制で民間会社から石油供給の仕事を奪い、沢山の役人を送り込んで石油の配給をおこなってきた。出光佐三はこれを「人手ばかりのかかる無駄な組織」と一刀両断し非難した。陸軍本省に対しも歯に衣を着せず発言するので非常に評判が悪い存在となっていた。幸い、中支の石油取扱いについては現地の軍人たちの裁量に任されており、出光佐三が提唱する現場主体の組織が採用された。中支の統制機関は役人が一人、出光から派遣された二人の社員と合計三人で運営出来ていた。

満洲・北支では陸軍・役人の考えの愚さが露呈していたのだ。

陸軍からの石油配給要員派遣の要請

昭和十六年十二月、大東亜戦争が勃発した。開戦半年にして西南太平洋の広大な地域は我が陸海軍によって占領され、即座に現地には軍政が布かれた。これら地域の石油資源は殆どを日本軍が確保することが出来た。予想を上回る戦果だった。現地の石油は直ちに軍需要に充当されるとともに、大東亜圏全体の燃料供給体制確立が必要となった。また制圧できた南方各地の石油配給も早急に軌道に乗せる必要が生じた。前述のとおり、現地軍当局者の一大石油国策会社を設立して、昭南（シンガポール）に本部を、各地に支部を置き、その実務は各社から派遣した人員をもって当たらせる、という案は陸軍本省の許可が下りなかった。代わりに、組織は簡明を第一とし、当面の戦いに勝ち抜くことに人材を投入することこそ、戦時下における方策であるとする出光佐三の信念というべき考えが、陸軍本省当局に採用され、昭和十七年、南方陸軍占領全域の石油配給の任務を負うこととなった。こうして出光社員百数十名は軍属として南方に派遣され、過去三十年間に体得した信念と経験とを、南方という白紙の新天地に活用することになった。本省のこの措置は現地当局者を憤怒させ、中国本土から伝わった中傷とも相まって恐るべき流言が飛び交い、試練が相次いで襲ってくることとなった。しかし揺ぎない信念と実力を持ち合わせた出光南方派遣要員たちの手によって、極めて短期間にその困難な仕事を軌道に乗せたのである。

余談だが、血気盛んな南方の軍当局者は、自分たちの構想に反する出光の配給方式に盲信的な不快感を募らせており、派遣される出光社員を銃殺する企てもあった。これを察知した出光佐三は、軍の親出光派の軍人を通じてこの暗殺計画を未然に防いだ。第二陣で派遣された川端文雄社員（元専務）はじめ約百名は命拾いをしたのである。

その後、「真に働く出光商会社員」の仕事ぶりが認められ、現地における当初の誤解と敵意は一掃された。翌十八年には、海軍占領地域の配給も委託され、マレー、ジャワ、フィリピン、ボルネオ、ビルマなど南方占領全域において、出光の簡素強力な体勢によって石油配給業務は少数の出光商会の社員の手によって円滑に遂行されたのである。昭和二十年、敵の反攻がいよいよ急激となり、フィリピン、ビルマ、ボルネオ方面は再び戦火にまき込まれ、長谷川喜久雄社員他二十六名の犠牲者を出して終戦を迎えるに至ったが、一致団結して国家のために命がけで働き抜いた出光の社員の奮闘は、単なる石油配給業務だけでなく、出光佐三が唱えた「人の真に働く姿を現わして、国家社会に大きな示唆を与える」ことを実践し、南方での重大使命を果たしたのである。

この経緯について詳細を述べる。

①陸軍省燃料課長中村儀十郎大佐の決断

前述のとおり陸軍省では中国における出光佐三の評判が頗る悪く、出光佐三が挨拶に出向いても、ろくに会おうともしないのが実情であった。

大東亜戦争の緒戦に陸軍は当時、世界最大の石油基地パレンバンをはじめ南方の油田地帯を制圧し大量の石油を確保した。その直後の燃料課長に着任したのが、中村儀十郎大佐であった。この中村大佐は以前の赴任地である蒙彊（モンゴル）では石油を担当しており、中支での出光の仕事ぶりを耳にしていた（出光佐三の考え方を理解していた）。大東亜戦争初期の重要な時期に陸軍省燃料課長として出光佐三を理解する中村大佐が着任したことは幸運でもあった。これも出光佐三が持つ強運による天の配剤であろう。

中村大佐が陸軍省燃料課長に着任後、南方地区の石油供給体制について調べてみると現地の部隊からは、複雑で能率の悪い膨大な配給体制の計画があがっていた。そんな折、出光佐三は新任の中村大佐を表敬訪問した（十七年春）。前述のとおり陸軍省内では評判の悪い出光佐三である。取り継いだ少佐クラスの軍人は「五分程度なら」との条件で面談を許可した。しかし、出光佐三が南方の石油配給体制についての話を切り出すと、中村大佐は現地の南方軍から提出された途方もなく巨大な組織であり、代案を検討していた時期でもあり、出光佐三の話を聞きたいと身を乗り出して来た。前述のとおり、中村大佐は中国での出光商会の簡素強力な配給体制について蒙疆時代に評価しており、話はとんとん拍子に展開していくのである。五分の挨拶が小一時間の面談にまでなり、最後に中村大佐は本音を漏らした。現地からの要請は、フィリピン、マレー、ジャワ、スマトラ、ビルマ、ボルネオの広範囲を二千五百人体制である。出光佐三は、戦争が激しくなり人も足らなくなるのに大人数は派遣できないのではと水を向けると、中村大佐は「出光商会なら何人で出来るか？」と問いかけてきた。そこで出光佐三は「二百人で出来る」と即答したのである。中村大佐は「本当にやれるか」と再度問い掛けてきたので「二百人でいい」と言い切った。

出光は中支地区で他地区（満洲・北支）では考えられない少人数で実績を上げていたことを知る中村大佐は、出光商会一社に南方の配給事業を委ねる決断をする。二千五百人体制の案を聞いて、出光なら二百人で出来ると言い切った出光佐三も凄いが、中村大佐も腹の据わった軍人であった。この段階で、既に中村大佐は動じることなく、出光社員の派遣を決めたのである。畳み掛けるように中村大佐は出光佐三に次の要求を出した。「一カ月後に宇品（広島県）に百人を揃えられるか？」に対し出光佐三は「揃えられる」と即答したのである。出光佐三は配給事業の何たるかを理解しており、また現場の実務に精通していたので即答出来た。その答えを聞き、また中村大佐も即座に反応したのである。その時はもう、三井や三菱その他を派遣することで準備が始まっていたが、その取り消しを覚悟の上で中村大佐は出光佐三に決断を迫ったのである。

急遽、出光社内では派遣要員の選定に入るのだが、陸軍省や南方軍では大騒ぎになっていた。出光佐三を快く思わない陸軍省の軍人、現地南方軍の軍人、計画を反故にされた三井や三菱の社員たちなどが出光を逆恨みする。現地の南方総軍が計画した二千五百人体制が、出光佐三の提案で十分の一以下の二百人体制にさせられたのだから無理はない。赤恥を掻いた現地の軍人たちはいきり立ち、派遣される出光の社員が危害を加えられる恐れも出てきたのである。

この話には後日談がある。中村大佐は出光佐三には即断したが、陸軍省内ではひと悶着あったようだ。出光佐三は、後日、上司の整備局長から呼び出された。陸軍省に出向くと中村大佐同席の場で、整備局長から二百名体制案に対する説明を求められたのである。非常に重々しい空気であり、流石の出光佐三もかなり緊張したと述べている。出光佐三は、

「軍のやり方は、膨大な機構をつくり、その下に子会社や、委員会、数多くの機構をつくって、大勢の人をそこに配置している。肝心の第一線の人たちは、何をしていいか判らなくなる。また機構が大きくて人数が多いと、結局能率があがらなくなる。反対に第一線に働く人を最小限配置して、その人たちを纏める最小限度の組織をつくる、それが出光佐三の考え方だ」

と説いた。また「軍は、無闇やたらと大きな組織をつくってから、第一線の人数を考えるから大人数になる、自分の考えなら二百人で賄える」と付け加えた。局長は納得し、「よくわかりました。よろしい」と一言話され面談は終わった。後日、陸軍省と南方総軍との会議が開かれ、また出光佐三は陸軍省に呼び出された。会議中は廊下で待たされていた。会議終了後に中村大佐から、「懸念せずに全力を尽くしてやって下さい」と伝えられ、これで漸く出光社員の南方派遣が正式に決定された。

南方軍からの時局の認識を欠く配給制度案は、陸軍省によって退けられ、組織は簡素なることを第一として、戦いに勝利するために人材を投じるべきとの出光佐三の信念が、陸軍本省当局の共感するところとなって、昭和十七年八月南方陸軍占領全域の配給業務の任務を負わされることになった。

繰り返しになるが、一商人である出光佐三を理解し、南方総軍から提案された企画の稚拙さを見抜き、南方軍の配給業務を出光一社に委ねた中村大佐の胆力には敬服せざるを得ない。当時の日本には気骨のある軍人が大勢いたのである。

②南方派遣

中村儀十郎大佐の英断により、南方地区全域を任された出光商会であるが、砲弾の飛びかう南方の戦場に赴くので、派遣される社員も相当な覚悟で向かった。最盛期は約八百万トンもの生産量であった南方地区の石油の配給体制を、百数十人だけで作りあげた。言葉もろくに通じない東南アジアの地で業務を遂行出来たのは正に驚異である。派遣された社員の使命感の強さの顕れでもあるが、出光佐三から常日頃叩き込まれた「国家社会に示唆を与える」ことが実践されたのである。

話は前後するが、前述のとおり大東亜戦争開戦直後、日本は快進撃につぐ快進撃を続けていた。中でも日本の年間消費量を上回る石油を確保できたパレンバン落下傘部隊の奇襲攻撃は連合国を震撼させ悔しがらせた。日本軍によって、たった一日で世界有数の石油基地が占領されたことは屈辱でもあったの。パレンバン作戦の成功は日本国民を大いに勇気づけた。国民だけでなく、一番お喜びになったのは昭和天皇であったかも知れない。何故なら苦渋の開戦の決断をされたのは昭和天皇であり、「石油で始まり石油で終わった」と大東亜戦争をお振り返りになられたことからも頷ける。

この南方で得られた貴重な石油を戦地に効率よく供給することに従事出来ることは国家に貢献出来るまたとない機会であり、出光佐三にとって生き甲斐を感じることであった。その思いの丈を南方に赴く社員の壮行会で次の訓示を述べている。当時は日本人全員が戦争を国難と受け止め、一致団結して自らの役割を果たそうとしていた。一介の経営者であった出光佐三だが、まさに戦地に将兵を送り出す上官の如きの壮行の辞である。出光佐三が如何に素晴らしい愛国者であったかが窺い知れる訓示である。

壮行会での二回の訓示を下記に示す。

○昭和十七年七月（陸軍）

「使命」

過去三十年間体得したる不退転の信念と超越せる経験とを生かして国家に奉公の誠を致せ。

「壮行の辞」

三十年の試練によりて吾人は如何なる時勢の変転にも超越せる確固不動の人生観を体得し得たのである。現下国家の急に奉公し得る唯一の道はこの貴重なる信念と経験とを南の新天

南方派遣要員

地に活用することである。過去の旧天地（大陸）は因襲情弊錯綜して真に奉公の妙諦を発揮する機を得なかったのである。

南の新天地は白紙である。些かの因襲情弊なし。吾人はこの白紙の天地において広大複雑と称せられる難事業を簡単容易に綜合統一し、以て人の真の力を顕現せんとするものである。是れ単に石油配給上の一些事と考うべきにあらずして、依而以而国家社会に対する一大示唆となすべきである。而も吾人のみに課せられたる大使命たるを自覚すべきである。白紙の新天地こそ天より賜わる人力示現の絶好の機会である。諸君は行ってこの一大使命を果されよ。世の人の批判や一出光の立場の如き之を顧みる要なきは論を待たず、是に贅言を加うるのみである。

○昭和十八年十二月（海軍）
「南方軍地区要員に対する壮行の辞と要旨」

このたび海軍地区に諸君を送るに就いて、先ず前提として申し置かねばならぬことは「出光商会は国家のために非常に重大なる存在となって来たことである」。

従来、出光は国家社会のために自身を完成する立場から総ゆる努力をなして居たが、何時の間にか国家のため重大なる存在となって居るのである。換言すれば出光商会は此処一年の間に非常なる飛躍をなして居るのである。而してその飛躍の程度が余りに甚だしいので店員の大部分には自分の飛躍に対して自覚を欠くに至ったのである。殊に内地、台湾、朝鮮等は仕事の関係上最も自覚不足の甚だしきものがある。先ず諸君は自己の立場を見直すべきである、而して南進の使命の重大なるを知るべきである。

「使命」

創業の主義たる人間中心主義実現の基礎を完成せよ。

「壮行の辞」

青年には主義信念があらねば真の力は出ない。然るに実践の不可能なる主義主張は空論にして、徒に混乱を起して有害無益である。故に主義は必ず実現せねばならぬ。吾人は人間中心主義を掲げて三十数年実行に邁進した。而して過去に於て此の主義の間違いないこと、及び将来永久に揺がざる大真理であることを確認した。而して出光自身は此の基礎の上に立って今後国家社会のために出光の人間中心主義を実現し、簡素強力なる態勢を見せて、之を政治、経済等総ゆる一般社会に実行せしむるように仕向けねばならぬ。此れ今後出光の職域奉公の目標である。故に之を社会全般に実行せしむるには、社会全般をして出光そのものを認識せしめねばならぬ。而して現在の如く戦争及び計画経済時代に於ては、先ず軍及び政府をして出光を認識せしむることが前提である、基礎である。諸君はこの認識を完成し、基礎工事を竣成し、次に人間中心主義の社会的実行の本格的仕事に取り懸るのである。出光自身即ち基礎工事を三期に分つ事が出来る。

第一期は事変前の資本主義時代にして、出光が極度に資本に苦しめられつつ成果を収めた時代である。

第二期は満洲事変後の機構主義時代にして、吾人は法律機構の番人たることより免れんがために奮闘しつつ、簡素強力なる体勢を整えた。

第三期は大東亜戦争中の現代にして、吾人の実情が軍及び政府に急速に認識せられつつ基礎工事は完成に近付きつつあるのである。

諸君はこの第二期を完成し、基礎全体を完備して、最後の社会指導に猛進するの準備を完備するの一大使命を持って南に行くのである。

即ち南に行くのは事業を広めるために行くのではない、主義実現の基礎完成のために行くのである。

資本主義搾取の不可なるは論をまたぬ。法律機構主義また多大の欠陥を有す。是れ人間の力弱くして資本に敗れ、法律機構に圧せらるるがためである。

故に真に人間が強力となり、中心となって、資本、法律、機構等総ゆる物を手段として用ゆるの本末整然たるの体勢を整うるにあらざれば、大東亜建設、やがては世界的大使命達成に対し万全を期することは出来ないのである。

吾人はこの事を信じて居るが故に、満洲、中支、南支、南方陸軍地区、最近には北支に於て、他の誤解や反対に猛然と対抗して出光主義の実行に邁進し、至る所で人間中心主義の実績を認識せしめた。

而して過去の一ヵ年は出光に対する認識の飛躍した年であって、同時に出光が国家に対する重大なる存在に飛躍した年である。

しかしながら、前述の此等の地方は出光の認識が遅れたために種々なる禍根（法律機構）を残して、人力示現の実情に於て遺憾なる点が多いのである。

然るに諸君が行かんとする海軍地区は真に白紙である、真に出光主義の実践、人間中心主義の実行には理想的である。諸君が理想の処女地に於て思う存分人力の偉大さを示し、資本及び機構がただ手段に過ぎざることを実地に示し真に簡素強力なる体勢を完備するならば、此処に出光自身としての基礎工事は完成したと言い得るのである。残る所はこの実績を以て社会を簡素強力に引きずるだけのことである。

諸君は万和の人として行くのである。経営者が万和であると、軍であると、出光であると、そんな事は顧慮するに及ばない。末節第二義的な事である。要は人間中心、簡素強力の主義に反する場合は国家の将来のためにおおいに戦うべきである。本末を明らかにすべきである。此処に昨年末の使命を参考に申述べん。

第一回壮行会（昨年七月長谷川君外二名）

石油配給そのものを目的とせず、配給事業を通じて人間の真の力を実現して、政治、経済その他に示唆を与えよ。

第二回壮行会（昨年八月南方行百名）

出光を認識せしめよ。

第三回壮行会（今回）

創業の主義たる人間中心主義実現の基礎を完成せよ。

右の如く使命は回を重ねるに従い躍進しつつあり、諸君の使命の重大なるを知るべきである（後文略）

この二つの壮行の辞を読む度に驚かされることは、当時の日本国民の考え方だ。国を想い、戦争という国難にあって滅私奉公の精神を体現しようとしていたのは出光佐三だけではなかったという事である。出光佐三の壮行の辞を理解し、意気に感じて出光の社員は南方に向かった。そして出光社員のみならず、全ての日本人が彼らと同様に、国の一大事にあって命を賭す覚悟があったのだ。それが戦前・戦中に限らず、今とは異なる日本人の当たり前な考え方であった。出光佐三は事業家として国に貢献することを至上の喜びとし、身をもって国難への対応を実践したのである。

昭和十七年八月、第一回として三名の社員を先遣要員として派遣したが、この三名の人選をみても出光佐三の思いが伝わってくる。危険な戦地に赴く社員に出光佐三の懐刀とも言うべき社員を派遣したのである。業務完遂の意気込みが感じられる。

その三人は長谷川喜久雄社員、石田正実社員、加藤正社員である。先述のとおり長谷川社員は本社出張の帰路、フィリピン上空でアメリカ軍機により搭乗機が撃墜され帰らぬ人となった。戦後、復員出来た石田正実、加藤正両社員は、出光興産の社長、出光石油化学の社長をそれぞれ務めた。中でも長谷川喜久雄社員は優秀だったようで、出光佐三はことあるごとに「あの時、長谷川を南方へ還すんではなかった」と悔やんでいたと伝え聞いている（本社報告後に遭難）。

出光昭介名誉会長より聞いた当時の逸話を記す。長谷川社員は南方より報告に一時帰国、郷里の姫路に行き、東京に戻り、出光佐三の赤坂の自宅の庭に面した部屋で話し込んでいた時に、出光昭介名誉会長は庭から挨拶した記憶があるという。その時長谷川社員は、南方へ戻る二機の飛行機のうち、「優秀な方（飛行機）に搭乗するから大丈夫です」と語っておられたそうである。帰路、飛行場で出迎えの社員の見守る眼の前で上空に待ち受けた敵機に攻撃され亡くなった。この報告を受けた出光佐三は昭介氏に向かって「長谷川がやられた。惜しい社員を失った」と告げたそうである。昭介名誉会長曰く、「出光に入社して以降、出光佐三が『惜しい』と言ったのは後にも先にも長谷川社員だけだった」。長谷川社員は出光佐三が片腕として認めていた唯一の存在であった。

最終的には陸軍に百四十八名が派遣され、海軍には十八名、計百六十六名が軍属として派遣され、各地で石油基地が空襲で破壊されるまで獅子奮迅の働きを続けた。最後まで少人数で配給業務を全うしたのである。南方に派遣された社員の中には、戦禍が激しくなるにつれ将兵の数が足らなくなり、現地で軍の招集に応じた社員もいた。激戦の地フィリピンでは、招集に応じた戦死者も含め社員二十一名が死亡した（前述のとおり現地での戦死者は二十七名であった）。

出光の社員たちは石油配給業務に留まるだけでなく、出光佐三が唱えた「人の真に働く姿を現わして、国家社会に大きな示唆を与える」という社是を実践し、南方での重大使命を果たしたのである。

冒頭に記述したが、これらの軍属として南方に派遣された社員だけでなく、中国はじめ朝鮮・台湾・南方の各地には約八百人もの出光社員が石油供販売の事業に従事していた。終戦後にこの社員たちが引き揚げてきたが、出光佐三は一人たりとも馘首せず、受け入れたのである。社員は家族であるとの主義を曲げなかったのだ。終戦により国が無一文となったのであり、出光商会も会社を閉じても何ら咎められる由もなかったが、出光佐三は創業時に唱えた、社員は大家族主義を貫いたのである。並大抵の経営者ではなかった。

余談になるが、出光佐三は社会貢献活動にも尽力していた。門司では商工会議所の会頭まで務めている。昭和七年から十五年までの八年間であるがこの間に行った業績も凄い。なんと国家的事業である関門トンネル事業の推進者でもあったのだ。当初計画は門司と下関間に吊り橋を架ける案の実現に奔走したが、爆撃の標的になるとの軍部の反対に遭い断念、その次にはトンネル掘削を内務省に働きかけたのである。架橋案、トンネル案は大正年間より議論されてきたようであるが、着工に尽力したのは地元の商工会議所を率いる出光佐三会頭であった。

また門司港は当時は西日本最大の貿易港と呼ばれていたが、港湾の拡充に尽力して大規模な改修工事を行ったのも出光佐三が会頭時代であった。門司港は軍港としての機能を有していた南方への玄関港であり、当時世界最大の石油港地を征圧したパレンバン落下傘部隊は門司港からプノンペン目指して出港した(昭和十七年一月)。出光佐三の会頭時代であり、不思議な繋がりを感じている。関門トンネル、関門大橋は現在でも本州と九州を結ぶ重要な交通ルートであるが、その礎を築くのに尽力したのが出光佐三であったことは、出光社員でも知る者は少ない。

第十二章　戦後における出光佐三の苦難

出光佐三は終戦によって丸裸となっていたが前述のとおり社員は馘首しないと断言し、終戦の翌々日に社員に向けて渾身の訓示をしたのである。しかしその意気込みとは裏腹に、終戦により全事業と在外資産を一挙に失っていた。

残されたものは、当時の金額で二百六十万円の借金（現在の貨幣価値にして約五百億円）と国内外の約千名の従業員であった。

焼け野原となっていた当時の日本で莫大な借金を抱えながらも会社を存続させ、外地から帰国してきた社員をふくめ膨大な数の社員の雇用を守る、このような決断をした当時の日本における経営者は出光佐三をおいて他にはいなかったのではなかろうか。

終戦の日から一週間後に出光佐三は還暦（六十歳）を迎えた。当時の還暦と言えば楽隠居している年齢である。しかし出光佐三は、多大な借金と社員を抱えながらも新たに事業を起こそうとした。その使命感と情熱、気迫たるや並大抵のものではなかった。

しかし威勢よく社員に対して訓示をしたものの現状は何から手を付けたら良いか判らないほどの極めて困難な状況であり、社員に与える仕事もなかったのである。終戦後に開かれた役員会において重役からは「他の会社では社員を大量解雇している。うちもそうしましょう」との意見が出されたが、出光佐三は一人たりとも解雇しないという方針を貫いた。

しかし現実は、戦後の数年間占領軍は石油の既存業者には販売許可を与えなかった。出光佐三は約三十数年の経験を活かし、石油業に復帰して日本復興に役立ちたいという希望を表明していたが、簡単には許されなかったのである。そのため、社員を路頭に迷わすことも出来ず、手あたり次第に新事業に取り組んだ。中には自宅待機をさせた社員もいたが、生活に困らないよう配慮していた。

新規事業への挑戦（電気事業、印刷業、水産業、その他）

外地から続々と帰ってくる引き揚げ社員に自宅待機をさせつつ、新しい事業への進出に必死の努力をしていた。

まず昭和二十一年早々、ラジオの修理、販売にあたるラジオ部が発足した。全国に約五十ヵ所の店舗が次から次へとつくられ、新しく入社した海軍の技術者と共に出光社員の活動が開始された。

次いで昭和二十一年五月には印刷部が設けられ、やがて三田工場の建設によって新鋭の大型印刷機械が設置されて本格的平版、活版印刷が始まった。

終戦とともに学校教育が大改革されることになり、教科書はじめ教育関係図書が極度に不足していた。その中で印刷部は「学習大辞典」の仕事を引き受けたりもした。町田市（東京都）にあった玉川学園の創設者の小原国芳園長が戦後の教育復興に心血を注ぎ物資も不足の中で学習大辞典の印刷を出光印刷部に託したのである。この学習大辞典はよく売れた。

それより先、昭和二十年十一月には三重県で水産部が定置網漁業権を借り受けて水産業に乗り出していた。三重県古泊村（現熊野市磯崎町）の村長から有井村（現熊野市井戸町）での漁業に出資しないかとの打診があり、これに応じたものである。漁場では主に鰤《ぶり》を採っていたようであるが、一隻の引き船と漁船を三隻所有し、五十人くらいの漁師を雇っていた。規模としては大きな事業であった。採算は別として、戦後の食糧難にあって地元に活力を与えるという一つの試金石の意味をもっていた。出光佐三は石油事業に復帰できた時の石油基地としての利用も考えていた。

鳥取県の大山山麓では百町歩の土地を求めて昭和二十年九月から農場経営が進められ、さらに茨城県石岡においては昭和二十一年四月から簡易工場をつくって醤油・ソースなどの製造にのり出した。なお、電気事業は昭和二十四年二月まで、印刷業は昭和二十五年十二月まで、水産業は昭和二十三年六月まで、農業は昭和二十六年八月まで、醸造業は昭和二十二年八月まで、それぞれ行われた。この新規事業にうちラジオ修理事業は海軍出身の長井弘介（元海軍大佐）が部下の二百人余りの技術者を入社させ始めた事業であった（その後、永井は「出光の聖典」なる小冊子を纏め出光精神の普及に努めた。校長先生との渾名がつけられた人物である）。このラジオ修理事業は全国展開したこともあり、終戦後の沈滞する社内を活気づけた事業となったが、採算面では芳しくなかった。そのため、出光佐三は社員を戒める、あくまでも石油業での事業展開を復活させることが究極の目標であると諭したのである。

昭和二十一年二月に次のような訓示をしている。

「ラジオの事業そのものを目的とするにあらず」

ラジオの事については私はいう資格を持たないが、ラジオ復旧は現在の急務であるにもかかわらず数百万の受信機が壊れたまま放置されている。

所有者はその修理に悩んでいる。この修繕は国家的社会的奉仕である。それには全国的に数十、数百の修繕所を直営して行く外はない。大地区大組織小売業の行き方と大体に相通ずる、素人である私がこの仕事を取り上げた訳である。

勿論ラジオの修繕及普及そのものが国家的に重要なる事業であるには相違ないが私はかねての信念の上から『吾々はラジオの事業そのものを目的とするにあらずして、人間の真に働く姿をもって国家社会に対し重大なる示唆を与うるものなり』と絶対に希望する。この信念の実行なくしては出光のラジオ部は無意味である。ラジオ部を通じて人間尊重、人間の真に働く姿を実現してこそ出光存続の理由あり、外地よりの復員者の期待をも裏切らず新たに入社する人々も使命を感ぜらるると思う。世間からはいわゆる……『ラジオ屋』として見らるるであろう。又実際に卑近面倒なる学校出の好まぬ所である。

これだけでも好い修業である。敗戦国日本としては先ず出光を認識するであろう。それが新日本建設の盛り上る姿であることにも気が付くであろう。

国家への重大なる示唆という訳である。待たれる楽しみであり待たれる暁である。出光は創業以来約二十年『人間の真に働く姿』の創作に努力した。

この間学校出たままの白紙の人間を採用してこれを試みた。この時代を試験室時代と称した。更にこれを一般社会に普及するの目的をもって試験室より出ること、第一に白紙ならざる他の会社員を採用し出光式に徹底せしむる事に自信を得、更に石油販売以外の製造事業に試み多大の期待を持ち得た。

しかしながらこれら事業は終戦と共に消滅した。

今回のラジオ部の経営は試験室を出でたる意味の出光としては大地区大組織経営の新なる先駆である。もしこの事業にして完成せんか試験室を出でたる実地応用の成功として、人間の真に働く姿は販売、生産、消費総ゆる方面に用いられこれが新日本建設に偉大なる貢献をなす事は一点疑を入れない。今や出光の創業以来三十五年の死活はラジオ部にかかっているといっても過言ではない。

数十数百の店舗を設立するには一店を一青年に任し得る尊重すべき人を持たねばならぬ。精神的に、技術的に事務的に、団体的に先ず自己を尊重し得る人であり他人より尊重される人であらねばならぬ。これらの人が国家社会の為に働く姿こそ人間の真に働く姿であり、この姿こそ新日本建設の基礎である。

吾々は創作に努力せねばならぬ。これまでの出光は人間を造り実力を養うことに三十年を費したが、これからは創作を完成することに邁進せねばならぬ。

そして一日も早く完成せねばならぬ。

タンク底油集積作業

旧日本海軍タンク底残油は、戦時中にもその集積が企てられた。作業が非常に困難で当時の海軍の力を使っても、不可能なことであり、放置するしかなかった。終戦後この残油は連合軍により日本政府に引き渡され、これを有効処理して配給するよう命じられた（昭和二十年十月）。そのため日本政府は石油配給統制会社に対して一括払下げをして、その配給を計画したが、その収集処理は複雑困難な作業なので同社自体では行うことが出来ずにいた。そこで商工省はその収集作業を出光に、またその収集物の再製処理を全国石油精製業者および廃油業者に、またその再製品の配給を石油配給統制会社にそれぞれ振り分け行わせることとした（昭和二十一年四月および同年六月）。出光ではこの収集作業の困難なることは熟知していたが、商工省の負託と社会公共福祉のためにこの至難な事業を遂行すべく、これを引き受けることになった。現地調査の結果、機械力での汲み上げは不可能なポンプの払い出し位置以下に残っている油であり、大部分は人手によって汲み取るほかに道がなかった。またガス爆発、火災、窒息等のため人命の危険があるタンク底に入ることは一般労務者には依頼出来ないので、遂に社員自身の手で汲み出すことを決意し、出光社員自らタンク底に入り込んで想像以上の作業に奮闘努力したのである。そして昭和二十二年七月末までに、概ねその集積作業を完了し、約二万キロリットルの廃油を集積した。その集積廃油は商工省の割当による各精製業者、廃油業者に引き渡された。出光も集積数量のうち約二千六百キロリットル（全体の残油量の十八％）を商工省から割り当

タンク底油回収作業

てられてみずから再製し、統制会社に引き渡した。この集積作業は予想以上の難事業であったため、経費がかさみ、またインフレのため予算をオーバーし、五百七十万円の損失を被った。しかしながらこの難事業を完遂したことによって出光社員が得た精神的収穫は、損失以上のものがあり、戦後出光再建への大きなバネとなったのである。

出光佐三はこの難事業完遂にあたり、昭和二十二年十一月十五日に次のような訓示を社員に与えている。

「吾々は不可能事を可能とせり」

昨年の春から海軍のタンク底油の集積が命ぜられた。完遂五、六日前の事であるが元海軍松田大佐の話によれば、この油は戦時中これを集積し再製するために研究されたけれども、戦時中の海軍の威力をもってしても不可能事として放棄された。それを出光が引受けたがどうするだろうかと興味を持っていたとの話である。一両日後濱田大佐もこの事を裏書された。道理で吾々も機械力にては如何とも致し方なく遂に店員の手により汲み出したのである。現在の労働者の手ではこの大責任を全うする事は出来ぬと思って、大学出をはじめとする出光の社員たちがタンクの中に飛び込んで一ヵ年半を費して不可能事を遂に可能とした。

市価に見積っても幾億円の廃物を国家のために産み出したのである。

偉大なる努力であり、各方面の人を感動せしめたのも当然である、国家社会に対する大なる示唆である。

特に松田元大佐が驚嘆した過酷なタンク底油の回収作業は、現在の出光徳山製油所の北側の山手にあり、半地下のコンクリート製のタンクであった。これを出光社員がやり遂げたことに元軍人たちは脱帽したのである。

出光佐三は、国破れたりと雖も、不撓不屈の精神で日本の再建に取り掛かろうとしていた。出光佐三の凄さはここに収斂されている。自分の会社の利益のためだけで事業を行うのではない、国の繁栄のために事業を行うのだと、社員に対し繰り返し繰り返し諭していたのである。戦後の出光佐三の苦労は筆舌に尽くし難いが、特に海軍でも根を上げるタンク底油回収事業を引き受けざるを得なかった事情は、千名にものぼる社員の食い扶持を確保するためであった。出光佐三も述懐しているが、このタンク底の残油回収作業で出光社員の底力を示し、それ以降に起こり得るであろう数多の困難に打ち克つ自信を得たのは大きな成果でもあった。新入社員教育では必ずこの神話的な快挙が教えられ、難関に直面した時には「タンク底に戻れ」が合言葉になっていた。難事にあっては、怯むことなく立ち向かえとの教えが脈々と出光には引き継がれていた。

私が入社した頃は、タンク底の仕事を経験した方も未だ大勢おられ、英雄のように崇められていた。過酷極まる集積作業に、社員たちが愚痴もこぼさず取り組めたのは、常日頃から出光佐三より日本国民としての責務を教えられ、充分に理解していたからである。また大家族主義と称される出光佐三が築いた社風により、社員たちが意気に感じて働いたのである。

この難事業を支えた銀行の逸話があるので紹介したい。

何度も述べるが、出光は終戦によりすべての海外資産を失い、現在の貨幣価値にして約五百億円（当時で約二百六十万円）の借金が残っていた。出光における戦後再建は借金からのスタートであった。社員の生活を確保する事業を起こすには、事業資金が必要であり、出光佐三は資金調達に奔走した。しかし金融業者、銀行などは見向きもしなかった。そのような窮状の出光に対して、融資を申し出た銀行が出現した。

タンク底油の回収をしている出光の話を伝え聞いた当時の正金銀行（後の東京銀行）の土井田門司支店長が、融資を申し出たのであった。当時の正金銀行は、日本の戦後復興に一番貢献している銀行と自負していたが、出光社員のタンク底油の回収作業を実際に見学して、桁違いに立派な仕事をしている会社があったことに驚嘆した。このような凄い仕事が出来る会社は有望であり、融資をすべき会社だと判断し融資を申し出たのである。

早速、出光佐三は融資を受け大いに助けられた。後に出光佐三は正金銀行を「出光再建の親会社」と称して憚らなかった。出光佐三は、常に真摯な態度で国家への貢献を第一義に考え行動しており、この姿勢に共鳴する人が出光佐三を支えていたのである。タンク底油の集積作業では辛酸を舐めつくしたが、逆境にあっても弱音を吐かなかった社員の行動が評価され、その苦労が「融資申し出」という形で報われた。すべては社員の弛まぬ努力であり、そこに不思議な力を呼び寄せたのである。

昨今は、融資に対して手厳しい銀行が殆どであるが、戦後の混乱時に経営実態で判断するのではなく、社員の働きぶりで融資を決める豪快な日本人がいたのだ。正金銀行はその後、東京銀行と名を変えたが、再三の統合により、現在は三菱ＵＦＪ銀行となっており、昔の東京銀行の名残がないのは一抹の寂さを感じる。

石油業への復帰

終戦により出光佐三は日本の再建にいち早く取り組もうとして立ち上がった。しかし占領政策により、日本を二度と立ち上がらせない諸政策が講じられた。特に国の復興に欠かせないエネルギーである石油を取り扱うことは、戦前からの石油会社だけでなく日本企業には簡単には許可しなかった。石油配給公団が占領軍（ＧＨＱ）の指揮のもと石油の供給を開始したが、出光佐三はいずれ民間に開放されると睨んで、ＧＨＱなどに出入りして情報収集に努め、戦後の石油供給体制の素案を提出したりしていた。社員の当座の生活を保障するため、馴れない多くの事業に着手したが、この時期に出光佐三は国家再建の基軸となるエネルギー産業への復帰の機会を窺い、様々な策を廻らせていた。終戦で無一文になりながらも、国家再興に向けて東奔西走した経営者は出光佐三をおいて他にはなかったであろう。

冒頭でも述べたが、生粋の愛国者であり戦後復興に全身全霊を傾け、経済復興に貢献した偉人を何故か現在の日本人は振り向こうともしない。また誰も教えようとしない。学校の教科書に掲載し、日本の経済復興に貢献した偉人として子供たちに教えるべきである。

次に、出光佐三が石油業界に復帰するまでの並々ならぬ努力の跡を追ってみたい。戦前の出光佐三は、業界の異端児的存在であり、戦後においても中国大陸や南方で簡素強力な体制を築いた実績に対し、恐れをなして排除する動きもあったことは否定できない。利益だけを追い求める同業者にとって、国家貢献を第一義とする出光佐三は煙たい存在であった。

戦後の対日石油政策はGHQが行っていたが、常日頃から出光佐三はGHQと親しく接していた。GHQも出光の提出した「石油配給機構に関する意見書」などから出光を評価していたこともあって、GHQの対日石油政策の動きを出光はよく知る立場にあった。石油配給公団は近い将来解散され、石油販売は民間に移管されるだろうとの前提で、公団が解散された後に売る油の確保のために他社に先んじて行動を起こしていた。出光佐三は、あらゆる可能性を考え行動した。出光佐三は、戦後一貫して国際石油カルテルの独占から日本を守れと唱え、国際石油資本（メジャー）と対立しながらも、他方では外資に接近して手を組もうとしていた。

出光佐三は、社是でもある大地域小売業を実践するためには、全国で販売する石油を如何にして入手するかを検討し、手あたり次第に交渉を開始した。まず、海外の石油会社と販売契約を結ぼうとした。外資との提携ではなく国内の石油販売の特約店になる交渉であった。当時、GHQが設置した石油政策の部署は、米英系の所謂メジャーの連中が牛耳っていた。それが戦後の日本の石油会社がメジャーと提携を結ぶ要因となった。日石はカルテックスと、昭和石油はシェルと、東燃はスタンダードと資本提携を結んでいったが、国敗れたりと雖も、海外の石油会社の軍門に下るような安易な手段を選択しなかったのは、出光佐三の矜持でもあった。石油製品の供給先として、最初はカルテックスに接触したが、カルテックスは交渉相手に日本石油を選んだため頓挫した。日本石油は戦前からカルテックスと取引があり、また製油所も保有しており有利であった。カルテックスは、戦前は日本石油の一代理店に過ぎなかった出光と提携するつもりなどはなかったのだ。兎にも角にも出光佐三は手あたり次第、外国の石油会社と交渉した。スタンダードやシェルなどとも折衝をしている。石油が手に入らなければ、商売が出来ないため必死に走り回った。色々なコネクションを使いシェルと交渉が始まった矢先、相手側から「石油のことはスタンダードに話されてはどうですか」などや「石油はやめてラジオか何かやられたらどうですか」と矛先を逸らされることもあったという。そんな中、石油配給公団の解散が決まり、石油を確保することが出来ない出光佐三は焦りだす。また、懇意にしていたＧＨＱ石油課長（モーア大佐）を通じてスタンダード石油の都道府県毎の販売会社に出光への共同出資の打診もあったが、主義主張の違う外資との提携話には乗れなかったのである。

ＧＨＱから紹介されたスタングードの担当者（ダニエル氏）は出光佐三のことを良く知っていた。「あなたは終戦後の何も仕事がない時に、千人もの社員を一人もやめさせなかったそうだね。そしてみんなに職を与えるため、馴れない農業や電気の仕事をやったりしてきたそうだね。ご苦労なことだ」と言って出光佐三の手を握ったという。出光佐三の獅子奮迅の働きは、日本人だけでなくアメリカ人にも評価されていた。

戦後の混乱時期にあり、ＧＨＱも日本復興のための石油供給体制について苦慮していたのである。そんな時期、ＧＨＱは日本の石油業界の実情に詳しく、公平な立場で助言出来る人物を探していたのだ。その助言者として出光に白羽の矢がたった。ＧＨＱに向かったのは出光佐三の懐刀である石田正實であった。石田は戦中に南方での石油供給に従事した経験もあった（石田正實は後に出光興産㈱の社長・会長を務めた）。

この会談にはＧＨＱの係官二名、陸軍省戦後処理担当の手島治雄、それと石田正實の四名が参加した。石田は、ＧＨＱ係官に対して、石油配給機構を廃して新たに簡素強力な機構をつくらなければならないと提言した（出光佐三が戦前・戦中に実践した仕組みでもあった）。この会談は二回実施され、ＧＨＱ係官も大いに共鳴した。その証拠として、石油配給統制会社が解散されて石油配給公団が設立された時に出光（石田）の意見が相当採用されたことを知ったと石田は語っている。出光はＧＨＱの求めに対していつも公平な立場で意見を述べていたので、ＧＨＱも出光を信用して、意見をよく尊重して聞いたそうである。この会談を通してＧＨＱサイドの多くの情報を摑むことができたという。昭和二十二年の三月末に発足した石油配給公団が民間に移管されるといった話もＧＨＱとの折衝の中で読みとることができた。出光佐三がＧＨＱに対して蒔いた種が花開いたのである。

この出光の主張をＧＨＱがよく理解し石油配給公団の販売業者に指定される時も、出光が指定されるのを阻止しようとする他社の策動から出光を救うことにも繋がるのである。この会談を通してＧＨＱ係官と出光が信頼関係を築いていった効果は計り知れないものがあった。

なお、この会談を設営した陸軍省戦後処理担当の手島治雄は後に出光に入社し、日章丸事件の裏方役としてイラン石油の輸入に貢献するのである（後に手島治雄は出光興産㈱の常務まで務めた）。戦後に出光が石油業に復帰出来たのは出光佐三の先見性だけでなく社員一人ひとりが置かれた持ち場で最大限の力を発揮したからでもある。

①石油配給公団販売業者に指定

出光はいろいろな新規事業に従事しながら終戦直後の苦境を乗り切ろうとした。一方で政府やGHQ当局に対し日本の石油政策のあり方を具申し、その主張の実現のために奔走努力した。占領下における石油政策の立案実行はGHQ参謀部が担当していたが、実際上はスタンダード、シェル、カルテックスなど五社から派遣された人員で組織された石油顧問団（PAG）が動かしていた。

これに対し出光は、「国際石油カルテルの独占より免れ、国内業者・外油社（外国の石油会社）は競って低廉な製品を消費者に提供する、という理想的なわが国の石油市場の姿をつくるべきだ」、また配給面においては、「石油配給統制会社を早期解散させ、民主化をはかることによって転廃業者、新進気鋭の業者にも門戸を開放すべきだ」と述べ、これに対抗した。

昭和二十二年石油配給会社（前年、石油配給統制会社が社名変更）が廃止されて石油配給公団が発足した。この公団販売業者指定に際し、出光が指定されるのを阻止しようとするさまざまな策動が見られたが、GHQ内部の出光理解者の公正な措置によってその策動は封じられ、昭和二十二年十月全国各地の出光二十九店がその販売店に指定された（注）。

こうして本業である石油配給業に復帰した出光は、消費者へのサービス観念を復活させるとともに消費者と直接結びついた販売活動を行うという全国大地域小売業の完成に向かってその基礎固めの努力をしたのである。

（注）指定店　北海道―砂川。関東―東京、横浜。東海―名古屋、四日市、清水、金沢。関西―大阪、神戸、舞鶴、京都。四国―丸亀、松山、八幡浜。中国―下関、徳山、萩、広島、松江。九州―門司、若松、福岡、刈田、唐津、佐世保、枕崎、油津、大分、別府。

これらの販売指定を受けた店の中には、戦後直ぐに立ち上げたラジオ修理店が販売指定店となったものもある（出光佐三はそれを見越した事業展開をしていた）。

②元売会社に指定

貯油施設の落札を中心にして石油配給公団の販売業者に指定された出光は、ガリオア（占領地域救済基金）などから供給された石油を販売していたが、占領政策の動きから、いずれ自由経済の時代がくることは明白であった。したがって自由になった時に大地域小売業で売る油をどこから入手するかが大きな問題であった。太平洋岸の製油所は占領政策により既に閉鎖されてしまっている。このころ外油会社の日本進出計画は速やかに進められており、太平洋岸の製油所をスクラップにしてアメリカ系の製油所をつくる準備まで進められていた。結局これは実現しなかった。昭和二十三年八月に外資系石油会社の日本国内に滞在する外人、貿易会社などへの石油販売が許可され、翌九月に石油輸入基地の民営移管とともに公団の早期解散と自由競争の方針が明らかにされ、日本の石油会社は競って外資の石油会社との提携を進め、生き残るための方策を練った。出光も例外ではなかった。むしろこうした事態を予測し、他社に先駆けて外資との石油供給について交渉を始めていた。しかしどの外資の石油会社との交渉も成功しなかった。出光のどん底の時期である。当時出光は元売に指名されるのに必要な油槽所を持たなかった。また戦前の出光を知る同業者等が、出光をこの機に石油業界から放逐しようと虎視眈々と策を廻らせていたのである。だが、運命の女神は出光を見放さなかった。かねてから多大の関心を払ってきた貯油施設の民営移管が決定したからだ。そして出光は悪戦苦闘しながら長崎の木鉢、女神、門司の小森江、宇部の四ヵ所の貯油施設を落札した。この貯油施設落札が、出光が元売会社に指定される大きな要因となったのである（落札は幸運としか言えない出来事だった）。

昭和二十四年の一月になってＧＨＱは二月末に石油公団を解散して四月以降それまで石油配給公団が一元的に行っていた統制の実務を複数の民間会社に行わせる「元売会社制」をとることを明らかにした。ここでも出光が元売会社に指定されることを阻止しようとする画策が行われたが、商工省の出光理解者の分別ある判断により、スタンダード、シェル、カルテックス、日石、日鉱、昭石、三菱、ゼネラル、日網の九社とともに出光も元売会社に指定された。ここに出光は元売、小売を兼業することにより「生産者から消費者へ」の方針を実行に移す機会を得て、北は北海道から南は九州にわたる大地域小売業の真価を発揮する体制を整えたのである。

また、この元売指定の要件を備えるための輸入基地が入札で落札出来たのは、出光のタンク底油集積作業に社員が油まみれになって取組んでいる姿に感動した正金銀行（後の東京銀行）の多額の融資があったからであり、担保力の乏しかった出光の救世主となったのである（当時の資料では約二千万円と記されている）。出光佐三が創業以来の社是としていた「生産者より消費者へ」の合理的経営を、元売会社と小売業者との兼営により完遂出来ると大いに喜んだ。

しかし、この元売指定には紆余曲折があり出光佐三を悩ませた。石油協会は総会を開き、出光、日網の元売指名に反対の決議をし、政府及びＧＨＱに対し抗議活動を行い、またあらゆる手段を講じて反対は続けられた。最終的には、政府は理由なき反対として退け、出光は最後の元会社とて指定されたのである。出光佐三の政府やＧＨＱへの戦後日本のあるべき姿への真摯な働きかけが功を奏したのであった。そのような他社による元売指定への反対運動に耐えて、晴れて元売会社の指定を受けると出光創業以来の関係先である日本石油が、出光が元売会社として指定されたことをもって今後は関係を絶つと通告してきたのである。世界の石油王スタンダードは、元売会社としての出光の船出を祝福したが、それとは正反対の日本石油の対応であった。

しかし、出光佐三は冷静に自分自身の使命の重大さを感じ、自分の責務は石油配給のような些事に左右されるのではなく「真に人間の働く姿を顕現して、国家社会に示唆を与えるのが目的だ」と自分自身を奮い立たせるのである。

終戦時の想像もつかない逆境時にあっても決して悲観することなく、社員を鼓舞して困難に立ち向かった経営者であった。その精神の根底には国家への忠誠心と貢献という使命感が常に満ち満ちている人物だったのだ。

第十三章　日章丸事件

大戦後のイランをめぐる石油情勢

出光佐三の言葉を借りると「大東亜戦争は消えた」のである。早く戦争を終結したいアメリカの反則技の無差別攻撃、原爆の使用により大東亜戦争は幕を閉じた。しかし、その後に起きたのは長年にわたり植民地支配を受けていたアジア諸国の独立に向けての動きである。日本が降伏したのをこれ幸いとアジアの宗主国であったイギリス、オランダ等は再び植民地支配を継続しようとしたが、アジア諸国の人たちには同じアジアの同胞日本が立ち上がり、欧米列強と互角の戦争を戦ったことを目の当たりにしたことにより独立自尊の精神が育っていた。「自分たちも独立を勝ち取るのだ」と立ち上がり、敵わない相手と考えていた欧米列強に立ち向かった。インドネシアは四年間も戦い独立を勝ち取った。このアジア諸国の独立の機運は、やがて中東諸国に飛び火するのである。

イランは石油の宝庫であった。その頃の確認埋蔵量だけでも約二十六億キロリットル、世界総量の十三%も所有していた。この地下に埋蔵されているいわば巨大な宝庫の扉が開いたのは、二十世紀初頭のことである。それもイラン人の手によってではなく、イギリス人の手によって開かれたのであった。そのことが以後、半世紀にわたるイランの石油植民地化を運命づけた。その第一歩は一九〇一年、イギリスの地質学者で探検家でもあったウイリアム・ノックス・ダーシーが、ときのイラン国王モザファール・デイン・シャーから六十年間国土の約八割、五十万平方マイルにおよぶ広大な地域の石油採掘、販売、輸出の独占的利権を手に入れたときに始まる。ダーシーがそれと引きかえに国王に与えたものは、わずかに八千ポンドの端金と事業純益の十六%を支払うという約束だけであった。イランの禍根は、このときつくられた。

ダーシーは炯眼《けいがん》にもイランの地下に巨大な宝庫が眠っていることを予見し、長い苦闘の末、一九〇八年ついに南西部のマスジット・イ・スレイマンに、それを掘り当てた。これが中東地域における石油開発の嚆矢である。と同時に、イラン民族がそれからたどる石油植民地化の第一歩でもあった。

間もなく、ダーシーの石油利権はアングロ・ペルシャ石油会社に引き継がれ、地下の宝庫から莫大な利潤を吸いあげるパイプになっていった。

第一次世界大戦の暗雲がヨーロッパを覆い始めるころ、ときのイギリス海軍大臣ウィンストン・チャーチルの建策によって、イギリス政府はアングロ・ペルシャ石油会社の株式五十二パーセントを買収し、同社の支配権を握った。

これによりイギリス海軍は石油の豊富な供給源を確保し、全艦隊の燃料革命を敢行した。つまり石炭から石油への燃料転換をやってのけたのである。それによってドイツとの激しい建艦競争を優位に進め、連合軍を勝利に導く一因をつくった。アングロ・ペルシャ石油会社はその後、アングロ・イラニアン石油会社（AI社）と改名されたが、イギリスの国家権力を背景として急速に発展し、またたく間にスタンダード、シェルに次ぐ世界第二の大石油会社にのしあがっていった。

これ以降イランは半世紀にわたりイギリスの植民地支配を受けるのである。酷い話であるが、イギリスはイランからの石油という富を独り占めしたのだ。

同社が一九五〇年ころまでの約半世紀間にイランの地下から吸いあげた利潤は、投資額の四百倍という、まるで夢物語のような途方もないものだった。イランの油井は驚くほど効率がよく、わずか七十三本で年間三千二百万トンという膨大な油量を汲みあげていた。その原油をアバダン島に設けた世界最大の製油所（日産五十万バーレル）で精製し、合計二百万トンにのぼる自社タンカーでそれらの製品を輸送し、自社の販売網や国際石油カルテルのネットワークを通じて売りさばいていたのである。当時、同社の資産は五億ポンド前後と評価されていた。

これに反し、イラン国民は宝の山に立ちながら、その天与の恩恵にあずかることもなく、長い間、耐えがたい貧困と屈従を強いられ続けてきた。この国には、石油産業以外に見るべき近代産業はなにもない。伝統的な絨毯《じゅうたん》の生産も手工業的なもので、住民の八十五％は、貧しい農民と遊牧民で占められていた。国土は日本の四倍半もあるが、その大部分が不毛の山岳と砂漠と高原である。わずか十％の耕地も、一握りの貴族、地主階級に支配されていた。ちなみに国王は千の農村、百万ヘクタールの農地と二十五万人の農民を所有し、その他の大地主でも二百から三百の農村を所有していたという。それに反して一般の農民は土地も農具も持たず、彼らの住む泥小屋さえ地主のものだった。イランは健全な中産階級を欠き、「絨毯を織る階級と、絨毯の上に座る階級の二つしかない」と言われていた。唯一の近代産業である石油産業は、一九五一年に国有化されるまでイギリスの支配下にあり、それによって生み出される莫大な富はほとんどすべて海外に持ち去られて、イランの国民を潤すものとはならなかった。

ＡＩ社には約八万人のイラン人が働いていたが、彼らが上級の職員になる道は閉ざされていた。賃金は法外に安く、ベネズエラの同じ石油労働者と比べても、その四分の一に過ぎなかった。アバダン市の中央には、世界最大の近代的な製油所が、四面をコンクリート塀で固められて、その周辺にはＡＩ社の社員社宅や数々のモダンなクラブが芝生と花園と並木の深い緑に包まれて点在していた。が、その別天地と通路一つ隔てたところにイラン人の住むスラムがあり、藁と泥でつくった掘っ立小屋が立ち並んでいた。

オランダが支配していたインドネシアにある世界最大の石油基地パレンバン。ここでもロイヤルダッチ・シェルは、製油所の周辺にアバダン同様の豪華な社宅をつくった。オランダ人従業員たちは、本国以上の優雅な生活を満喫し、インドネシアの人々から搾取を繰り返してきた。白色人種が有色人種を抑圧・搾取し贅のかぎりを尽くし、有色人種の人権などは全く考えない時代であった。

イランの石油国有化のころ、全人口千九百万人のうち、八十％が慢性の栄養失調に悩まされ、マラリアとトラコーマが風土病になっていた。病院も医師も極端に数が少なく、それらも大半が首都テヘランに集中していた。イラン政府の統計では一九五〇年当時、クズタイン地域住民の六十％が結核に冒されていたという。イランの国庫は乏しく、ＡＩ社から入ってくる石油利権料に頼っていた。利権料もＡＩ社の策略で不当に低く押さえられ、また、それさえ満足に支払われたことがなく、とても国民生活の改善に役立つものではなかった。

一九五〇年、ＡＩ社がイランの地下から汲みあげた石油量は三千百七十五万トンにも達し、中東諸国のなかで最大であったが、同社の支払った利権料はわずか一千六百万ポンドに過ぎなかった。これは一トン当たりにすると一ドル四十セントである。同じ中東諸国でクウェートの三ドル九十五セント、サウジアラビアの四ドル、イラクの五ドル十セント、バーレーンの三ドル五十セントと比べても、三分の一前後という低さだった。イランの為政者たちと国民はむろん、このようなイギリスのあくどい搾取を黙って見過ごしてきたわけではない。一九三二年、イラン政府はダーシー契約の取消しを求めてアングロ・ペルシャ石油会社とイギリス政府を相手どり、ついには国際連盟に持ちこんで交渉の末、新しい利権契約の締結に成功したこともあった。それによって、利権料収入も石油の増産とともに増大したが、なお石油植民地の悲惨な事態を根本から改善するものではなかった。

反英運動おさまらず

第二次大戦後、アジアに燃えあがった民族運動の焔は、イラン民衆の心に点火した。大戦中、イギリスはソ連への武器供給の南方輸送路としてイランを参戦させ、その代償として戦後の経済開発を約束していたが、それをいっこうに履行せず、依然としてイランを搾取し続けた。物価は戦前の七、八倍に高騰しながら、利権料は一九三三年の協定のままであった。戦後の経済的窮迫はイランの民族運動に油を注ぎ、民衆の反英熱を煽った。焔は勢いを増し、イギリスとの関係を断ち切ろうとした。一九四五年から翌四六年にかけてイラン史上空前といわれるデモやゼネストが発生し、軍隊とデモ隊が衝突して多数の死傷者を出した。このときイギリスの軍艦がアバダン港に出動してイラン民衆を威圧したが、イラン政府の申入れで発砲だけは中止し、やっとゼネストはおさまった。

しかし、反英運動はおさまったわけではなく、むしろその勢いはいっそう強まるばかりであった。政府と議会はその力に押され、やっと重い腰をあげてＡＩ社との利権協定を討議し始めた。ところが、民衆の足はその一歩先を歩き出していた。彼らはイギリスとの古証文を焼き捨てて、石油の宝庫を民族の手に取りもどす「石油国有化」の道に踏みこんでいたのだ。一九五〇年頃になると、石油国有化はイラン国民の熱狂に包まれていた。首都テヘランでは、それに反対する者は「政治的にも、生理的にも生命の維持は困難であろう」と言われた。事実、国有化に反対していた親英派のラズマーラ首相は翌五一年二月初め、テヘランの寺院で儀式に参列中、石油国有化の熱狂的な刺客の手によって斃れたのである。

その後、イラン政府は急転回した。議会は政府が提出した利権協定改定案を否決し、石油国有化の問題を討議し始めた。また「石油委員会」を設置して、その委員長に国民戦線派の指導者モハメッド・モサデクを指名し、将来の石油政策について検討させた。モサデクはこのとき七十一歳、大地主の出身で若いころフランス、ベルギー、スイス等で教育を受け、帰国後三十五歳で国会議員となり、国王レザー・シャーのもとで法務、大蔵、外務の各大臣を歴任した。その後、国王と衝突して、しばらく政界から遠ざかっていたが、ふたたび国会に姿を現わしたときには、最も熱心な石油国有化の推進者の一人として国民戦線派の先頭に立っていた。石油委員会はイランが現在の悲惨な状態から抜け出す道は石油国有化以外にないと結論を出し、議会にそう答申した。議会はそれを承認し、同委員会に法案の作成を命じた。イギリスは労働党内閣の成立以来、石炭はじめ基礎産業を次々に国有化してきたが、イランの石油国有化に対しては激しく反対した。同国政府はイラン政府に覚書を送り、一方的な石油国有化は現行の利権契約に違反するもので非合法だと指摘した。しかし、イランの議会は三月中旬、石油国有化法を可決し、四月末にはＡＩ社接収法を成立させた。パーレヴィ国王もこれらの関係法に署名し、国民議会は同法実施のためモサデクを首相の座に押しあげた。

イラン国有石油会社（ＮＩＯＣ）の発足

こうしてイランは、二十世紀初頭から続いた石油植民地の長い隷従と屈辱の歴史に終止符を打った。とはいえ、石油国有化はまだ法律上、形式上のことで、その実体を備えておらず、イランは依然として貧国の十字架を引きずっていた。真に石油植民地から自立するためには、イギリスの圧力を跳ねのけてＡＩ社の全施設を接収し、自力でそれらを操業し、自力で石油製品を海外に輸出販売しなければならない。この「イラン人の、イラン人による、イラン人のための」石油国有化がどこまで実現出来るか、そこに民族の運命がすべてかかっていた。モサデク首相は五月初め内閣を組織すると、ＡＩ社の接収を強力に進めた。石油国有化法の発効とともに、イラン国有石油会社（ＮＩＯＣ）が発足した。イギリス政府はこれに対してただちに石油国有化を承認しないと声明し、艦隊を中東海域に派遣し、落下傘部隊を待機させるなどの軍事力を背景として、ＡＩ社の権益擁護のため、一挙にイランの石油国有化と民族運動を押し潰そうと圧力をかけた。イギリスにとって、イランの石油は決定的な重要性を持っていた。もしこれを失えば、ただ莫大な利潤源がなくなるだけではなく、戦後、重要政策として推進してきた石炭から石油へのエネルギー転換策が頓挫し、対外的には、ポンド石油は世界市場から後退し、ドル石油の支配に甘んじなければならない瀬戸際に陥るということを意味していた。

それだけではない。もしイランの石油国有化を許せば、その影響が中東全域に及ぶことは必然であった。イランは中東を押さえる最も重要な地位を占めており、それが離反していくことは中東支配の要が失われることであった。イギリスはアメリカが中東への勢力拡大をひそかにねらっていたことも懸念していた。このような経済的、政治的な利害が、イギリス政府をして強硬な手段に走らせた。イギリス政府はＡＩ社の最大株主でもあり、会社と一体となってイランの石油国有化を押さえにかかったのである。軍事的圧力を加える一方で、イランに覚書を送り、現地で政府間交渉を進めようとした。これに対してイラン政府はいっそう態度を硬化させ、政府間交渉を拒絶した。石油国有化はイラン政府と、国内で石油事業を営んでいるＡＩ社との間の問題であり、なんら外交上の問題ではない、というのがイラン政府の立場であった。

イギリス政府は石油国有化問題を国際司法裁判所に持ちこんだが、イラン政府は出廷を拒否した。国家間の紛争を取扱うべき同裁判所の管轄外の問題であるというのが、その理由であった。イギリスの武力的威嚇はかえってイラン民衆の反英熱を高め、石油国有化の実行を促進させるのに役立っただけであり、石油施設の即時接収を求めるデモンストレーションが連日のように渦巻いた。イギリス政府はむき出しの武力行使をためらった。もちろん、イランの力を恐れたからではない。恐るべきはイランの背後でマレーをはじめイギリス連邦下にある国々で不気味な焔をあげ始めていた反英熱であり、民族独立運動であった。スエズではエジプトが運河の国有化を進めイギリス軍の完全撤退を求めて不穏な動きを示していた。イランに対する武力行使がそれらに油を注ぐ結果になることは明らかだった。

また、この英・イの石油紛争の舞台裏では、中東への割り込みを狙っていたアメリカが漁夫の利を占めようと策動し、イギリス政府の武力行動を牽制した。さらには、イランと国境を接するソ連が、いつイラン援助に起ちあがるか判らなかった。イギリス政府は武力行使にかえて経済制裁に転じた。経済封鎖によってイランの喉元を締めあげ、国家財政と国民経済を破綻させて石油国有化の流産を計ろうとしたのである。

イランの国庫はすでに底をつき始めていた。国有化宣言以来、利権料は一文も入らなくなっていた。無数のタンクには精製された石油が溢れていたが、誰もイギリスの経済封鎖を突破して買付に来る者はいなかった。製油所は停止したままである。数万のイラン人従業員が職を失い、路頭に迷った。飢餓が人々を襲い、役人たちもつぎはぎだらけの服を着て執務した。ただ、石油国有化に対する熱気だけが、国民にそれらの窮乏を耐え続けさせた。

英・イの石油交渉は決裂し、暗礁に乗りあげたままであった。九月末、モサデク首相の送った石油交渉再開の書簡も、イギリス政府に拒絶された。モサデク首相はついにＡＩ社接収の「直接行動」を決意し、イギリス人技師二百五十名に対し撤去命令を発した。イギリス政府はこれに対してただちに巡洋艦、駆逐艦を含む十五隻の艦隊をイラク海域に派遣し碇泊させ、海空軍の演習を予定して、イランを威圧した。と同時に、イランの石油問題を国連の安保理事会に持ちこんで、有利な解決を計ろうとした。安保理事会はイギリス政府の提訴を取りあげ、いったんは審議を開始したが、間もなく審議延期を決定した。その裏には、イランへの進出を狙っていたアメリカの思惑が働いていた。イラン政府は既定方針に従って石油国有化を強行した。イギリス人技師が引きあげた後、十一月初めには自力でアバダン製油所を再開し、十二月半ばには各国に石油製品の輸出販売を通告した。イギリス政府はイランに石油販売権のないことを申し入れ、各国業者の買付交渉を牽制した。かねて英・イ紛争の調停に当たっていたアメリカ政府は、それに失敗したと発表した。国際復興開発銀行（世界課有）の和解案も、不調に終わった。イラン政府は国有化によるＡＩ社の補償問題に絞って交渉を求め、イギリス政府は事実上、国有化を認めながらも表面では、あくまでＡＩ社の既得権を楯にとり、イランの石油に対する新しい利権を狙って交渉に臨もうとしていたのだ。両者の石油紛争は翌二十七年になっても収拾されず、解決の糸口さえ見出せなかった。イギリスのモリソン外相も、ついには下院で「対イラン交渉は無益である」と言明する始末で、第三者の調停工作もいたずらに失敗を重ねるばかりであった。ところが、対日講和条約の発効する前後から、イランをめぐる国際情勢が新しい動きを見せ始めた。

イラン石油情勢の急転回

まず四月半ばころ、アメリカ政府がイランと技術援助協定を結び、これに調印したことである。これはイランの石油国有化を公然と認め、アメリカ石油資本のイラン進出意図を示したものであった。六月には、ソ連がイランと通商協定を結び、タンカーがイランに向かって動き出した。五月初め、イタリアとスイス両国企業家の共同出資による船会社所属のローズ・マリー号がアバダンに入港し、原油、千トンを積んで帰途に着いた。もっとも、同船はアラビア沖を航行中、イギリス軍艦に拿捕《だほ》され、イギリスの直轄植民地アデンに曳航されてしまった。一説によれば、スイス側の船主がＡＩ社の懐柔策に属服し、船長に命令してアデンに入港するよう指示したのだという。ＡＩ社はローズ・マリー号の積荷差押さえの仮処分をアデン最高裁判所に申請し、また、このようなイラン石油の買付行動を牽制するため、次のような通告を各国の新聞に掲載した。

通　告

最近、当社の知る処に依れば、イラン国政府は当社に対する重大なる責務、国際司法裁判所の先の命令並に国際間の義務を無視し、一九二三年四月二十九日付協定にて定められた地域より産する原油及び石油製品の販売を企てている模様であります。著名石油会社、タンカー船主若しくはブローカー各位におかれましてはイラン国政府の不法行為に直接又は間接に参与加担せられぬことと当社は確信するものでありますが、如何なる商社又は個人でも万一同国政府と当該石油製品に関し取引を行なわれる場合は、当社としては何れの国に於ても当社権利の擁護上、必要と思われるあらゆる措置を採ることを本通告に依りご警告致します。

一九五二年七月十二日

英国倫敦・E・C・二区フィンスベリー・サーカス、ブリタニック・ハウス

アングロ・イラニアン石油株式会社

同社はなおも石油国有化を否認し、イラン政府の石油販売を不法行為ときめつけて、その取引に応ずる者に対しては「権利の擁護上、必要と思われるあらゆる措置を採る」と恫喝したのである。この通告はもちろん、日本の新聞にも掲載された。イラン政府には、各国の業者からいくつかの石油買付の申入れがきていたが、この通告に押されてか、またローズ・マリー号の先例に懲りてか、誰も買付に乗り出そうとはしなかった。

だが、石油国有化の事実はすでに内外に定着しつつあった。七月初め、モサデク首相は反対派の不穏な動きを封ずるために陸軍の最高指揮権を国王の手から政府に移そうとして拒否され、いったん辞任した。だが、親米英派のカバム・スルタネーが首相に任命されると、イラン国民はそれを米英の圧力に屈して石油国有化を後退させようとするものと受け取り、テヘランはじめ全国の都市で、「血の抗議デモ」を起こした。カバムは組閣出来ず、三日後には辞任に追い込まれた。七月二十二日、議会はふたたび、モサデクを首相に指名し、国王もしぶしぶそれに同意した。モサデク首相はさらに国防

相の要職をも兼務し、全権を掌握して石油国有化政策の実行に邁進することになった。奇しくも、それと同じ日、ハーグの国際司法裁判所が、かねてからイギリス政府が提訴していたイランとの石油紛争問題に関して「当裁判所には管轄権がない」という裁定を下し、提訴を退けてしまった。

この裁定はイラン側に有利に働いた。イラン政府はこれまで石油国有化問題はイランとAI社という一企業との間の問題に過ぎず、国家間の紛争を取り扱うべき国際司法裁判所の管轄外の問題であるとして、出廷を拒否し続けてきた。裁定は結果的にはイラン側の主張を認めたものであった。イラン国民はこの裁定とモサデクの首相再就任という二つの勝利に「熱狂し乱舞した」という。

モサデク首相は組閣後、ただちにイギリス政府に対して交渉再開を通告し、テヘラン駐在のミドルトン英国代理大使と会談を始めた。またNIOCの代表アラーヤール・サレーが「最近、いくつかの外国商社からの石油購入の申し込みを受けた」と発表した。出光がイラン石油輸入の勧誘をふたたび受けたのは、その頃のことである。それまでは勧誘を厳に断ってきた。だがイランの情勢は今や急転回しつつあった。ときに出光は日章丸の行く手を国際カルテルの厚い壁に阻まれ、石油の安定した新しい供給源を確保する必要に迫られていた。出光の意思がようやくイランに向かって動き出した。

日章丸事件に至る背景（出光と石油メジャーとの戦い）

戦後、連合軍の進駐と同時に日本に上陸してきたのは米英の大石油会社であった。

スタンダード、ライジングサン（シエル）、タイドウオーター、カルテックス、ユニオンの五大石油会社だった。いずれも、ＧＨＱの石油顧問団（ＰＡＧ）に自社の代表を送り込み、日本の石油市場を牛耳ろうとした。日本の戦後復興において有望な市場と考え、ＧＨＱの権力を利用し市場支配を企てた。日本政府はＧＨＱの顔色を窺うばかりで、戦後における石油政策を何ら持っていなかった。出光佐三は石油業界から締め出され、先に述べたラジオ修理、タンク底油集積作業等の手馴れない事業で食い繋いでいたが、この事態を大いに憂慮していた。国際石油カルテルの力を、戦前、満洲、朝鮮や中国等での経験で、誰よりも出光佐三は知っていた。彼らは国家権力さえ動かして、貪欲に市場を席捲しようとしていた。出光佐三は、占領軍の言いなりにならず、自主的に市場形成をしなければ、禍根を残すことになると考え「日本の石油政策について」を認めた。その骨子は、

一、日本の石油市場における海外メジャーの独占を阻止し、適正な市場を形成すること

二、日本の大平洋岸の製油所を復旧して再開すること

三、わが国の石油会社を合同し、大規模の製油所を関東と関西に二ヵ所建設すること

というものであった。

この提案を政府におこなったが誰も耳を貸さず、逆に出光を排斥する動きが一部におきた。その後もしばしば政府に警鐘を鳴らしたが、ＧＨＱの言いなりであった。幸運にも昭和二十二年六月、ＧＨＱの指示で石油配給公団が発足した際、公団販売事業者指定の指定から外されることなく、全国に二十九の指定店を確保することが出来た。昭和二十二年十一月、漸く出光が石油業界への復帰を果したのである。

出光佐三にとっては、小さな第一歩であったが、全従業員待望の第一歩であった。先を見越して全国の主要拠点にラジオ修理の営業所を設置しておいたことが功を奏したのであった。ラジオ修理販売店の看板を降ろし、新しく「石油配給公団指定販売店」の看板を掲げて営業を開始したのである。戦後、次々と手馴れぬ事業に乗り出し、海外から引き揚げてくる社員に仕事を与えてきたが、それらの事業も、未経験な上に戦後のすさまじいインフレにより、経費の膨張、資金や資材の不足に悩まされ続けた。食うや食わずの耐乏生活に耐え切れず、社員の落伍者が出たのもこの頃である。闇業者や成金か横行した時代であり、政治も経済も混迷を続け、人々はその日その日を生きる事に必死であった。しかし、その苦境を耐え抜いてきた社員にとって、出光の石油業界への復帰は社員に活力を与え、水を得た魚のように生々と活動し始め、「サービスは石油より」を合言葉に出光独自の「大地域小売業」の威力を発揮し始めたのである。

間もなくGHQの対日石油政策は大きく転換し始めた。二十三年九月、石油輸入基地の民営移管と石油配給公団の解散を示し、二十四年一月には、元売会社制への移行を指示した。ただ販売数量や価格は統制の枠があったが、買付・販売業務が民営に移されることになり、事実上、自由競争の時代が到来したのである。石油事業者にとって、この元売会社になれるか否かが、会社の運命を左右する重大な問題となった。先述のとおり元売会社の指定をめぐって、各社が激しい攻防戦を演じたのである。

出光の元売会社指定に対して、同業他社の反対運動が猛然と起きたが、出光は元売会社の指定を勝ち取った。幸運だったのは、元売会社の資格要件として政府が示した輸入基地施設と販売能力の保有という要件を、その直前、偶然にも旧三井物産の宇部、門司、長崎の三油槽所を入手した事によって満たせたことである。

まさに天佑神助というべき状況であった。終戦直後、倒産しても不思議ではなかった出光であったが、奇跡的な復活を遂げたのである。しかし、国際石油カルテルの重圧のもとで、製油所を持たず「民族資本・民族経営」の信念を貫こうとする出光佐三には、まだまだ厳しい試練が待っていた。

ＧＨＱは、元売会社制の発足と前後して大平洋岸製油所の再開と原油の輸入を認めた。しかし、日本の主要石油会社は、米英大石油会社の差し出した資金、原油、技術という三つの恩恵を得るため、「資本提携」を行い、屈辱的な不平等協定を結んでいたのである。

原油を供給してもらうだけで販売利益の半分をとられ、さらにわずか二万トン程度の原油と引きかえに、製油所の約六万坪の敷地、貯油タンク、波止場その他の付属施設もろとも外資に引き渡した会社もあった。また、ある会社は原油供給と引きかえに株式の五十％を取られ、同時に重役の半数を外資から迎える他なかった。その他の石油会社も株式や施設を押さえられ、外資の足枷により経営活動の自由を失ってしまったのである。出光佐三はこのような石油業界のなかで、いっそう孤立の道を歩むしかなかった。不平等な外資提携を拒否し、「民族資本・民族経営」の方針を貫こうとしたからである。外資との提携をおこなわなかった出光佐三は、必然的に国際石油カルテルの圏外に立つことになった。また外国資本と提携した日本の石油会社をも敵に回すことになり、国内では「十三対一の戦」を余儀なくされた。しかし、出光は元売会社として業界復帰を果たすと、全国四十数ヵ所に支店、出張所を設けて、また千人余の精鋭無比な従業員を配し、消費者に直結した「大地域小売業」を展開して販売シェアを拡大した。元売会社制発足後、わずか八ヵ月間で二％以上もシェアを上昇させた。待ちに待った石油事業に復帰できた社員の喜びが力となって顕れたのである。

しかし、民族資本と外国資本の競争は熾烈を極めた。出光佐三が標榜する「消費者本位」の核となる安価な石油製品の供給は容易に出来るものではなかった。何故なら石油製品を競争相手の石油メジャーからの購入に頼る出光にとって、石油メジャーの存在は大きく立ちはだかる壁であり、これを突破しなくては「消費者本位」の実現は前途多難であった。当時ＧＨＱは原油輸入を優先させ、製品輸入を抑える政策をとっていた。これは国際石油カルテルの戦略で、外国の石油会社と提携していない出光には不利な条件ばかりであり、また油槽所や輸入基地の貯油能力により、販売枠が決められるような仕組みもあり、活路を求めるべく、出光佐三は様々な手を打った。油槽所の整備、大型タンカーの建造等である。

出光佐三は、日本の石油需要を無視した原油輸入中心の消費地精製方式はいずれ行き詰まると予想した。また石油行政権はＧＨＱにあるが近い将来、日本に移譲せざるを得ないと考え、日本が独立すれば石油政策の自主性は完全に回復すると読んだ。そうなれば出光が自由に世界から石油の買付を行うことが出来、消費者の需要に応えることが出来ると確信した。それに備えるため、川崎、神戸、室蘭、徳山等の油槽所の整備を急いだ。

また当時は、タンカー建造は許可制であり、建造計画書を作成し、新造船計画に応募した。紆余曲折はあったが、一年遅れの昭和二十六年、大型タンカー一隻の造船許可を勝ち取ったのである。当時は朝鮮戦争が勃発しており、タンカーの運賃が高騰したこともあり、遅すぎたタイミングでもあったが、一万八千トンの当時としては大型のタンカーを所有することになる。このタンカーが日章丸二世号と命名され、昭和二十六年十二月に竣工するのである。この日章丸が安価な高品質の石油製品を世界各地に求め、就航を開始する。出光にとって、何物にも代え難い武器を所有するに至ったのである。翌昭和二十七年一月八日処女航海の日章丸は、アメリカ西海岸のゴールデンゲートブリッジを無事に通過してサンフランシスコ港に投錨した。サンフランシスコの人達は、敗戦国の日本の一企業が新造船の大型タンカーで石油を買付に来たことに驚愕し、日本の戦後復興が着実に進んでいることを日章丸で知ったのである（主権が完全に回復する前だから驚いたに違いない）。

サンフランシスコ講和条約が前年の九月八日に締結されたばかりであり、アメリカの経済人、銀行筋は出光佐三という経営者のサムライ魂を感じ取った。後述するがこの日章丸の雄姿を見たバンクオブアメリカ（ＢＯＡ）の重役たちが出光を評価し、日本企業の融資対象先に出光を選ぶのである。

処女航海の積荷は、重油、灯油であり、一月二十八日川崎港に帰港した。日章丸は川崎港で揚荷を済ませると五日後には、再びサンフランシスコに向かった。出光は日章丸を駆使して製品輸入を始めたが、当時の日本には重い足枷がかけられていて揮発油（ガソリン）の輸入は認められなかったのである。ガソリンは外資系メジャーの独壇場であった（粗悪な揮発油を日本に持ち込み、大きな利益を得ていた）。昭和二十七年頃は急速な産業経済の復興により、自動車が急増しはじめた時であり、揮発油の需要が高まっていた。出光佐三はこのような国民を犠牲にした当局の石油政策に抗議していた。政府、GHQ、外資系メジャーの思惑が交錯し難航したが、漸く講和条約の発効の一ヵ月前に政府は石油行政権を取り戻すことが出来た。出光は揮発油の輸入権を手に入れると、直ちに日章丸をロサンゼルスに向かわせた（輸入先サン石油）。しかし出光は資金が不足していた。日章丸が太平洋上を航行しているころに漸く石油製品の輸入資金を調達することが出来たのである。金額にして四百万ドルをバンクオブアメリカ（BOA）から調達することが出来た。輸入資金の目途が立っていないまま出航するという綱渡り的な出来事だったが、一月にサンフランシスコに大型タンカーを差し向けた出光佐三の石油事業に対する心意気に触れたBOAが融資の決断を下したのであった。

後日談であるが、BOA本社の重役スミス氏が来日した折、出光佐三が「出光の資本金は二億円に過ぎないが、それに対して何十億もの融資をしたのはどういうわけか。アメリカの銀行は会社の資本金に対して貸すように聞いていたが……」と尋ねると、スミス氏は「いや、あなたの会社の資本金に対して貸したのではない。当行が貸したのは、出光の合理的経営に対してである」と答えたという。

日本の銀行より、数年前まで敵国であったアメリカの銀行が日本の企業を正しく評価していたことに驚かされる話である。アメリカで高オクタン価のガソリンを五千キロリットル積んで日章丸は五月に神戸港に帰港した。この輸入ガソリンを「アポロ」のブランド名で販売したところ飛ぶように売れ、たちまち底をついた。出光のガソリンは箱根の山も問題なく登れるとの評判になった。これによって今まで外資メジャーが粗悪なガソリンを日本に高く売りつけていたことが判明した。「アポロ」はガソリンの値下げを呼び起こし、さらに波及効果として他の石油製品の値下げも誘発させ国民を大いに喜ばせたのである。

ところが、日章丸が再びガソリンの輸入に向けロサンゼルスに向かっているさなかに、取引先のサン石油から「今度の注文は断る」との電報が入った。明らかに国際石油カルテルの圧力によるもので、サン石油は圧力に屈したと考えられたのである。

急遽、アメリカ駐在員が、製品入手に奔走し、メキシコ湾岸のテキサス州ヒューストンにイースタン・ステイトという小さな独立系の石油会社を探し出し、購入に漕ぎ着けた。ロサンゼルスからパナマ運河を越え大西洋まで航路を延ばしたのである。まるで戦場を駆け巡るが如くの転戦であるが、これが出来たのもベテランの新田辰男船長の為せる技であった。この転戦は、急を要するガソリンの買付であり、航行中にタンクハッチの清掃を余儀なくさせられたが、乗組員の必死の作業により、清掃を済ませた。話を聞いた先方が驚いて更に清掃をしてくれてヒューストンでの積荷を終えることが出来たのである。

戦後の復興にはガソリンは欠かせないとの出光佐三の信念と消費者本位を貫こうとする姿勢が、このような立ち廻りを演じることに繋がったのである。

この日章丸がイギリスからの独立を宣言したイランのアバダン港に向かうのは昭和二十八年三月二十三日のことである。

日章丸事件の経緯（イランとの交渉）

戦後、出光により初めて決行されたイラン石油輸入の経緯については、不透明な部分も多かったが、イラン石油の輸入問題に関わった出光以外の人々の証言や回顧録、日記、メモ類、外交文書が、読売新聞に連載の「昭和戦後史」により明確となった。出光の関知しなかった政府、財界、官庁を結ぶ別の密かな動きもあったのである。

①イラン人バイヤー、コスロブシャヒの来日

イラン石油輸入問題の発端は昭和二十七年三月、出光計助（佐三の実弟、当時は専務）が同郷の先輩、石橋正二郎（ブリヂストンタイヤ社長）の招きに応じ、石橋邸にてモルテザ・コスロブシャヒというイラン人バイヤーと会い、イラン石油の輸入について勧誘を受けたことに端を発した。コスロブシャヒは昭和二十七年三月十四日から二十九日まで日本に滞在し、日本の政、財、官界の要人と忙しく会談を重ねたのである。

石橋正二郎の女婿である郷裕弘は、通産省渉外課長の職にあった。当時占領軍権力を盾に日本の石油市場をわがもの顔にふるまうメジャーの横暴に憤りを感じ、それに対抗できる国策的な石油会社、いわゆる和製メジャーの設立を通産省の郷課長はじめエリート官僚たちは願っていた。現在の官僚とは大違いで真剣に国家再興に向け行動してた凄い官僚が多くいたのである。占領下では難しい話ではあったが、昭和二十六年九月、対日講和条約が締結され、日本もいよいよ独立の第一歩を踏み出した。

また、イランではそれより少し前の同年三月、国民議会において石油の国有化が可決され、イランの石油はメジャーの手から離れて、ようやく郷らの構想実現の機運が訪れようとしていた。しかし、石油メジャーは国際石油市場からイランを締め出した。結果、イランは持てる石油を輸出出来なくなっていた。

石橋がイランで極度に自動車タイヤが不足しているという情報を得て、郷にブリヂストンのタイヤをイランに売りこめないかと相談した。郷は、反射的にブリヂストンのタイヤと引換えにイランの石油を日本に輸入にすることを思い立ち、上司の通産次官であった山本にイラン石油の輸入、国策会社設立の構想を提案したところ、山本より内々に計画を練るようにと指示が出された。次に郷はイラン政府と接触を試みた。日本の賠償問題や電力再編成問題等関係のあったニューヨークのオーヴァーシーズ・コンサルタント社（社長：コフマン）に相談し、紹介されたのが、イラン人バイヤー、コスロブシャヒであった。郷はすぐニューヨークでコスロブシャヒに会い、来日を促した。コスロブシャヒの来日に際しては、郷と柳沢（元大蔵省主計局員）、谷山照雄（弁理士）が関係していた。昭和二十七年三月、山本次官から「イランのモサデク首相の密使を羽田に出迎えてくれ」という依頼を受け、郷、柳

日章丸二世号

沢、谷山の三人が、羽田空港にコスロブシャヒを出迎え、深夜二時ごろまで会談した。会談内容はむろんイラン石油の輸入についてであった。この段階では、出光の話は出ていない。コスロブシャヒは、山本、郷、柳沢、谷山、石橋、他政府関係者と幾度も会談を重ねたが、結局、話はまとまらなかった。そこで、石橋が「私の友人に石油の専門家がいますので、この話は私に任せて下さい」と言って、石橋邸の会談になった。石油の専門家が出光計助であり、ここに初めて出光の名前が浮上したのである。

石橋はイラン石油の輸入話はまだ海のものとも山のものともつかない話だから、出光佐三の面談の前に、コスロブシャヒを出光計助に引き合わす狙いだった。コスロブシャヒと出光計助は石橋邸において対面をするが、輸入話は出光佐三の判断で見送られたのである（出光佐三はその時の国際情勢から時期尚早と判断した）。

実は、出光にイラン石油の輸入話が持ちこまれたのは、石橋邸会談より一ヵ月ほど前であった。二月十日に、経済安定本部長官の周東英雄から打診があったのだ。周東長官が出光、丸善、大協の各社代表を招き、イラン石油輸入のための現地調査と折衝に協力を要請したのである。その事は大協石油代表であった石崎重郎の「石油日記」に記録がある。

記録には、二月十日（日）五時より周東長官出席して将来のわが国の石油政策のために、この際イランよりの石油輸入によって一石を投じたき旨挨拶あり、招かれたのは民族系会社、丸善、片山氏、南部氏、出光は計助氏、石田氏と大協石崎の三社五名なり、イスラム貿易の宮崎氏らと会見した、とある。

出光計助は、宮崎の情報を元陸軍情報将校であった手島治雄常務から得ており、最初から相手にしなかったようである。当時の出光の判断として、イランの石油国有化は不当なものであり、また国際的承認を得たものではなく、イラン石油の輸入は商慣習、商道徳上許されないと考えたのである。出光佐三も「昭和二十六年、二十七年にかけて、第三者からイランの石油を購入しないかとたびたびすすめられたが、出光は国際儀礼を重んじてこれを拒み続けてきた。われわれは国策上この問題に積極的にはいりたいのであるにもかかわらず、これをなさず、各方面よりの申込みを拒絶し続けてきたことは、出光の国際儀礼および商業道徳上の良心が許さなかったからである」と述懐している。出光佐三がイラン石油に乗り出すまでには、もう少し時の経過と情勢の熟すのを待たなければならなかった。

②転機となったマホニーとの会談

出光がイラン石油の輸入問題に正面から取り組み始めるのは、石橋邸会談から三ヵ月ほど経ったころのことである。二十七年七月中旬、出光佐三と計助専務の二人が、アメリカ人弁護士のウイリス・マホニーとニューヨークのオーヴァーシーズ・コンサルタント会社（前述）の社員と称する人物と会い、そこでふたたびイラン石油の輸入を勧誘されたことが転機になった。会談はマホニーからの申し入れで実現、この席で初めてイラン石油が出光佐三の眼前に現実的な話として浮上してきたのである。それまでは宮崎、周東、石橋、郷、江商、東綿等多くのルートを通じて勧誘を受けながら、悉く拒絶してきた。それがここでどうして百八十度転換し、勧誘を受け入れてイラン石油輸入に乗り出す気になったのか。出光計助は次のように述べている。

「マホニーとの会談で初めてイラン石油国有化の実情がわかってきた。それまで僕らの耳に入っとったイラン関係の情報はほとんどイギリス寄りで、本当のことを伝えていなかった。日本人は判官贔屓である。イランの実情を初めて知り、石油の国有化も無理はない、これまでイランはイギリスの搾取に我慢してきたと考えが変わった。また、国際情勢も変わりつつあり、イランの石油国有化を認める方向に動き出していた。ハーグの国際司法裁判所がイランの石油国有化に対するイギリス側の提訴を却下したのである。アメリカの国務省筋もやがてイランの石油国有化を既成事実として承認するようになる。この動きを見て、勧誘を拒絶する理由はない。悠長に構えては居れなくなった。当時は石油メジャーとも全く繫がりがなく、アメリカで石油の買付けにさんざん苦労していた時期であった。そこに自由に買える安い石油が突然、浮上してきたので、初めて腰をあげ、イランに向かって走り出したのだ」。

マホニーとの会談でイランの石油国有化の実情が判明したこと、さらにイランを認めようとする国際情勢、そして国際石油カルテルの支配から離れ自由な立場で石油供給源を求めてきた出光自身の考え方、これが一つに結び合い転機となった瞬間であった。

そんな折、アメリカ国務省はアメリカの会社がイラン石油を買付に行っても関知しないと発表した。アメリカのタンカーが行っても良いならば、日本のタンカーも良いではないかと、これが決め手となった。

③コフマンの来日と「独占代理人」契約

二十七年八月半ば、出光側の要請でポール・B・コフマンが来日し、出光首脳と極秘の会談を持った。会談はコフマン、マホニー、出光佐三、出光計助、常務の手島であった。出光佐三は非常に慎重で、イラン石油の輸入をやる肚を決めたのはもっと後で、アチソン米国務長官がイランの石油国有化を既成事実として認める声明を出した時だった。しかしこの会談時点でコフマンは、その情報を既に摑んでおり、米英両国政府がイラン政府に共同提案を申し入れようとしていることも詳しく知っていたのである。

コフマンがこの会談で出光側に伝えた米英のイランに対する共同提案というのは、

i　米英両国はイランの石油国有化を既成事実として認める

ii　イランとアングロイラニアン石油会社の紛争解決に関しては国際司法裁判所に委ねる

iii　イラン石油の購入に関してはアングロイラニアン石油会社にイランと交渉する優先権を与える

iv　アメリカはイランが海外に石油を販売できるようになるまでの援助資金として千万ドルをイランに贈与する

という内容のものであった。この情報の正確さは、間もなく実証される。席上、コフマンはさらに出光がイラン国有石油会社と協定を結び、「日本商品と引換えに魅力ある価格」でイラン石油の供給を受ける、つまりバーター取引きの可能性のあることを示唆し、イランの欲する日本商品の分類表まで提示した。また、このとき出光代表が石油交渉のためにイランにやってくるならモサデク首相が直接、出光代表と会談するという言質をとったとも伝えている。出光はコフマンとの会談でさらに大きく一歩、イランに向かって前進した。また出光はイラン石油輸入交渉の促進をはかるため、八月二十七日付で、マホニー、コフマンの両名と正式に「独占代理人」契約を結んだ。

ときにイランをめぐる国際情勢はめまぐるしく動き始めていた。テヘラン駐在のヘンダーソン米国大使とミドルトン英国代理大使の二人がモサデク首相に対し米英の共同提案を手交したのは、右の「独占代理人」契約と同じ日付の八月二十七日のことであった。提案内容は、さきにコフマンが出光との会談の席上で伝えたものとまったく同一であった。出光側では、改めてコフマンの情報の正確さと迅速さに驚かされたのである。しかしモサデク首相は、この米英の共同提案を拒絶した。米英がイランの石油国有化を既成事実として承認しながら、なおも紛争解決のための諸問題を国際司法裁判所に持ちこもうとしていることを承服できなかったからである。

同首相はあくまで石油国有化をめぐる諸問題がイラン政府とアングロイラニアン石油会社という一企業との間の問題にすぎず、国家間の紛争問題を取り扱うべき国際司法裁判所の管轄外の問題であると考えていた。出光佐三は、この動きをマホニー、コフマンらの提供する情報から的確に摑み、もはや国際法上の障害も商道義上の足枷も完全に取り払われたと考え、イラン石油輸入に乗り出す意志を固めたのである（アメリカ政府が、イランの石油を引き取っても関与しないと声明を出したことも背中を押した）。

出光佐三は、最初は慎重だったが、いったん肚が決まると、もう誰がなんと言おうとも引き退がったりはしなかった。目標に向かって推し進めるだけであり、交渉の下準備は急テンポで進んだ。九月下旬にはコスロブシャヒからイランとの「契約草稿」が届き、それに対する「出光対案」も既に出来あがっていた。イランに差し向けるタンカーの交渉も、船会社の飯野海運と内密に進められ、内諾まで取りつけた。十一月初めに入り、いよいよ出光代表がイラン側との直接交渉のためイランに赴いたのである。

モサデク首相以下のイラン政府首脳、NIOCの幹部と直接、石油輸入交渉にあたったのは、出光計助専務と手島常務である。

テヘランの空港で出光計助（左）と手島治雄（右）

二人は昭和二十七年の十一月と翌二十八年二月の二度、イランを訪問して粘り強く折衝を重ね、契約調印にこぎつけたのである。二回とも、二週間近くの日数を交渉に要した。日本・イランお互い国を背負った思惑があり、交渉は決裂するのではないかというところまで難航した。しかし二月十四日に漸く契約が成立した。この交渉の詳細内容は紙面の関係で割愛するが、二回目の交渉中に大変なことが日本国内では起きていた。

イラン石油輸入のために内諾を得ていた船主の飯野海運が、この段階で「日南丸はイランに回せぬ」と出光本社に通告してきたのである。本社の首脳陣は、この通告に驚き、狼狽した。いままさに、イランとの契約が成立しようとしていた矢先であり、契約成立と同時に、日南丸をイランへ向け出航させる手筈になっていた。また機密保持の上からも他の船会社には何も手を打っていなかった。すぐ重役が飯野海運に飛んでいき、解約の理由を質すと、予定の日南丸が修理のため、急にドッグ入りすることになったと、急に作ったかのような返答をしたのである。これは怪しいと睨んで、造船会社に問い合わせてみたが、日南丸がドック入りする予定はどこもなかった。他のタンカーを回してくれるよう頼んだが、これも全部就航中で、その余裕はまったくないという素気ない返事であった。イラン石油の輸入計画に熱意を示していた飯野海運が、まるで手のひらを返したような態度に出てきたのも、不思議なことだった。タンカーが出せないとなると、これまでの苦心と努力は水の泡になる。ようやく実を結ぼうとしているイランとの契約も反故となり、石油カルテルとの戦もいよいよ難しくなる。重役たちは契約の成立を目前にして、歯ぎしりした。出光にはもちろん、一万八千トンのタンカーが一隻ある。だが、外航タンカーはこの一隻だけである。この虎の子の日章丸をイランに回航するわけにはいかない。その時、日章丸は日米間を航行中であり、これをイランに回航して、もしイギリス海軍に拿捕されるようなことになったらイラン石油の輸入計画が頓挫するだけでなく、出光の唯一の「尊い武器」も失い、会社の存続も危ぶまれる。それで日章丸をペルシャ湾に向かわせたくなかった。しかし、いま急に他の船会社にタンカーの交渉を持ちかけることは出来ない。まして、出光の商売は「十三対一」の包囲網のなかにあり、苦戦から抜け出すことも危ぶまれる。闇雲に他船会社に掛け合ったりすると、機密が漏れ、イラン石油の輸入計画が暗礁に乗り上げることにも繋がりかねなかった。飯野海運がこの時期に、どうして解約を通告してきたのか不思議ではあったが、その背景に国際石油カルテルの存在があったことは想像に難くない。国際石油カルテルにより傭船契約を打ち切られれば、飯野海運も会社の存続が危ぶまれると考え、出光に嘘までついて逃れたのではないだろうか。商道徳上は許されない行為ではあるが、飯野海運にとっても社運を賭けた判断だったのだろう。

この日南丸についての逸話があるので紹介する。

出光昭介名誉会長から、イラン向けに予定されていた飯野海運所有の日南丸を後日、確認する機会があったと聞いた。米軍に石油を供給するためのタンカーの候補船として日南丸を調査したが、八千トンのボロ船であったそうだ。大事なイランとの初取引に向かわせる船ではなかったのだ。日章丸がイランに行き、待ち受けたイラン政府の関係者から、出光は立派なタンカーを差し向けてきたと感心されたとの話を新田船長からも聞いたそうである（日章丸歓迎のレセプションが開催された）。

新造船の日章丸の配船が、出光にとってもイランにとっても、両国の絆を深めるキューピットの役割を果たしたのである。災い転じて福となした。

イランとの協定の成立は目前に迫っており、出光佐三は虎の子の日章丸を拿捕されることも覚悟してイランに向けることを決断した。戦後、丸裸から会社の再建に取り掛かり、漸く石油事業も軌道に乗りかけた矢先ではあったが、ここは引くことは出来ないと、出光佐三は、まさに一世一代の大勝負にでたのである。この出光佐三の勝負は出光のためだけではない。日本の経済復興に重要な石油をより安く消費者に提供することによって、日本の復興を加速させることが目的であった。事実、日本国内では国際石油カルテルは、日本の市場で莫大な利益を生む仕組みを作っていたのだ。結果的には日章丸事件により石油価格は、あのインフレの時代に、三割以上低減させることに繋がった。この日章丸事件は筆舌に尽くしがたい大成果を日本にもたらしたのであり、日本再興に大きく寄与したのは言うまでもない。これが出光佐三の愛国心、国への使命感であった。

アバダンに行け！

出光佐三は日本の再建を一身に背負って日章丸をイラン（アバダン）へ向かわせた。誰もが想像出来得ない決断をした背景は、日本を席捲する国際カルテルからの日本を救うことが目的であり、このような大決断が出来る経営者は、後にも先にも出光佐三をおいて他にはいないであろう。虎の子の大型タンカー日章丸を、乗組員五十五名と共に戦場ともいうべきペルシャ湾に向かわせる時の心境は、我々が軽々に論ずることの出来るものではない。

出光佐三が、日章丸船長に託した檄文を次にしめす。日章丸の新田辰男船長だけに行先（イランのアバダン港）を知らせてあり、乗組員にはサウジアラビアのラスタヌラ港と伝えていたのである。昭和二十八年三月二十三日、乗組員たちが家族に見送られて、日章丸はサウジアラビアに向け神戸港を出港した。四月三日正午、コロンボ沖で新田船長に「航路変更、貴船はイラン石油積取のためアバダンに向かわれたし」との電報が入った。そこで、新田船長は乗組員を集合させ、出光佐三から託された檄文を乗組員全員に配布し、大きな声で読み上げた。

ここにその檄文を掲載する。出光佐三の国を思う心が綿々と綴られている。

「イラン石油輸入第一次日章丸乗組員に与う」

終戦後の出光は日本の石油国策の確立を目標として猛進した。わが社の主張は、石油消費者大衆の利益を図るを主眼として、消費の増進と石油業界の発展を招来するという、きわめて卒直簡単なる言分であった。

しかしながら、この消費者本位のわが社の主張は、わが国製油会社の反対するところとなり、わが社は衆寡敵せず、ついに敵の重囲に陥り、孤軍奮闘、悪戦苦闘の窮地に追いつめられた。

占領中あらゆる手枷足枷は完膚なきまでにはめられた。

この重囲を脱せんがために尊き武器として与えられたのが日章丸である。

昨年四月、日本が独立して以来、この手枷足枷は次から次と取りはずされている。

このはずされた枷の中で最も諸君に関係の深いのが、ガソリンの輸入が許可されたことである。昨年七月、日章丸によってアメリカのガソリンが輸入せられるや、日本のガソリンの品質の粗悪と高価なることが暴露され、消費者を驚かした。

自動車業者は年間三十億円の利益を受けることとなった。

次いでわが国製油会社は高オクタン価ガソリンの製造機械の輸入増加を計画しはじめた。来年からは自動車のエンジンも損じないようになるであろう。

日章丸のこの第一矢は、わが社をして敵の重囲より脱せしめる武器としての第一矢である。次いで矢つぎ早やに第二の矢は放たれた。

日章丸は遠くパナマを越えてガルフへの離れ業を演じて、敵をして唖然たらしめた。これは完全に敵の虚を衝いたのであった。揮発油輸入はこの尊き武器によって勝利を勝ちえて、消費者大衆の希望に応えた。

独立までのわが国石油界の歩みは堕落であり、蹌踉蹣跚《そうろうまんさん》のその日暮しであり、確固たる目標がない。しかるに独立後、石油政策検討の声は急に起った。

根本の枷は取り去られんとしている。今や日章丸は最も意義ある尊き第三の矢として弦を離れたのである。行く手には防壁防塞の難関があり、これを阻むであろう。

しかしながら弓は桑の弓であり、矢は石をも徹するものである。ここにわが国は、はじめて世界石油大資源と直結したる確固不動の石油国策の基礎を射止めるのである。

この第三矢は敵の心胆を寒からしめ、諸君の労苦を慰するに十分であることを信ずるものである。

出光佐三が自ら認めたこの文章は、戦場に赴く将兵を激励する総司令官の心境さながら、戦う出光の面目躍如たるものである。また、こんな国家観を有する日本人経営者が私の在籍した会社の創業者であったことに誇りを感じるのである。

新田船長はそれを読み終ると、「われわれの目的と使命は、この出光社長から与えられた激励文にあるとおりである。これ以上、なにもつけ加えるものはない。ただ、イランとイギリスの石油紛争は現在まだ完全に解決しておらず、従ってわれわれの前途に、なにが起こるかわからぬ。だが、最悪の事態にも充分対処できる準備はしてある。もし、イギリスの軍艦に発見され、拿捕の危険のある場合は、大西洋を回って帰国する予定である。乗組員各自は、この趣旨をよく理解して、使命の達成に全力を尽くしてもらいたい」と、言い渡した。

すると、誰の口からともなく「日章丸万歳」の声があがり、続いて「出光興産万歳」「日本万歳」の声がいっせいに湧いて、キャビンに谺《こだま》したという。それはこれから大事に赴こうとする乗組員の決意と感動の叫びであった。彼らはそれから、ふたたび各々の部署についた。新田船長は藤井通信長を呼んで、東京本社に次のような電報を打たせた。

「航路変更承知、画期的重大任務を自覚、乗組員一同結束固く、意気天を衝く」。

戦後、漸く独立を果たした日本には、大東亜戦争を潜り抜けた勇敢な将兵が日本の再興を目指し意気軒高に活躍していたのである。新田船長も歴戦の勇士であり、乗組員も戦場を駆け回った強い日本人だった。新田船長は、日本の戦後の石油経済戦争の前線で殊勲甲の功績をあげた英雄と称されるべきである。彼らの勇気が戦後の日本の経済復興を演出したのである。

当時、戦場ともいえる当時のペルシャ湾に日章丸を向かわせた出光佐三以下、イランとの秘密裏の難交渉に挑み協定を成立させた出光の首脳陣、またイランから満載の石油を持ち帰った勇敢な日章丸の乗組員、すべての人々が今の日本の石油業界をつくり上げた英雄であった。残念ながら今の日本には、彼らのような私利私欲に囚われない腹の据わった人たちが消え失せてしまった。残念であるが今の日本を象徴している気がする。目覚めよ日本人。

新田船長は、戦時中南方と日本を往来した輸送船の生き残りの船長であり、歴戦の強者であった。イランへの往路ではシンガポールのイギリスの監視所から行先を問われ、「ペルシャ湾」と適当に返答したが、復路は既に知れ渡った事件となっていたので、如何にイギリスの拿捕を免れるかが日章丸最大の難関であった。スマトラ島を大廻りしてスンダ海峡を夜間に通過したが、戦後間もない頃であり、沈没船の多いところであった。航海士と船長は懸命に進行方向を確認しながら船を進めた。やがて夜が明けてきたとき、前方に沈没船のマストを発見したのである。夜明けがもう三十分遅かったなら衝突するところであった。常に運に恵まれていたのである。

この他にも日章丸のイランへの第一次航海における逸話は山とある。ペルシャ湾でのイギリスとの戦場とも言うべき海域で、如何に勇敢に行動したかを書き綴りたいが、日章丸と乗組員の武勇伝だけでも一冊の書物に纏められるくらいの量も価値もあり、ここでは紙面の都合上、割愛せざるを得ないことをお許し戴きたい。

もう一点、出光佐三の緻密な行動も伝えておきたい。日章丸事件は後にイギリスのＡＩ社から訴えを起こされた。最終的にはＡＩ社の訴えは棄却されたが、日章丸が、無事帰国した後におきるであろう様々な出来事も想定し、出光佐三は虎の子の武器（日章丸）を守るため策を講じていた。ペルシャ湾でイギリスに拿捕される心配もしたが、帰国後、ＡＩ社から提訴され積荷や日章丸が差し押さえられることも想定し、日章丸の帰国日を調整させたのである。

日章丸がマラッカ海峡を通過し、日本に向かっているとき、日本国内ではイランの石油を満載した日章丸が帰国する情報を、マスコミ各社は摑んでいた。出光佐三は、土曜日の午後に入港せよと指示をした。その時、日章丸は既に日本に近づいていた。どんなに速度を落としても、午前中には川崎港についてしまう。止むを得ず、新田船長は相模湾に船を向かわせて時間稼ぎをしたのである。新聞社の飛行機が空から見て、日章丸はイギリスの駆逐艦に追われて、江の島沖を逃げ回っていると報道した。出光佐三は報道陣の問合せに対して予定の五月八日、徳山に入港すると回答し、また徳山油槽所に受入れ準備を急ぐように指令した。慌てたのは、徳山油槽所の所長と従業員たちである。近傍の出張所にも動員を頼み、タンクの洗浄と受入れ準備等を急いだ。報道陣の耳目は、いっせいに徳山に吸いつけられた。しかし、出光佐三は、遡ること四月二十五日、日章丸がまだコロンボ沖を航行中、「川崎油槽所において差し押さえの懸念あるにつき九日午後より揚荷開始の予定。九日正午、検疫錨地に入港するよう適宜考慮して航海せよ」と、暗号電を打たせていたのである。五月九日は土曜日であった。かりにA1社が情報を摑んで提訴しても、この日のうちに仮処分命令が出るはずがない。東京、横浜の地裁には上申書を提出しており、日章丸の入港を待って口頭弁論が開かれることを予測していたのである。また、裁定までは時間がかかる。翌十日は日曜日で地裁は休廷である。月曜日に仮処分命令が出ても、油槽所の機能をフル回転させれば、積荷の陸揚げは完了し、日章丸の積荷を空に出来る。これが出光佐三の作戦であった。新田船長は情報で、日章丸の帰国がどんな渦中にあるか、よく察知していた。

船長は指令を受けると、折り返し承諾の返電を打った。日章丸はアバダン出港後、夜を日についで帰路を急いだので、予定よりも一日早く、五月七日には帰港出来るはずであったが、本社からの指令で二日も延着しなければならなくなった。のろのろと走るのは、全速力で走るよりも苦痛である。燃料と飲料水をなんとかそれまで持ちこたえなければならない。新田船長は乗組員に燃料と飲料水の節約を命じ、スピードを経済速度に落として、航海を続けたのである。

出光佐三の指示どおり、五月九日正午、日章丸は横浜港外に姿を現し、一旦錨を下ろし検疫を済ませ、午後二時二十五分、イラン石油積取の壮図を終え、川崎油槽所に着桟したのである。

出光が、イランから直接取引により石油を購入したことが発端となり、産油国に新たな動きが起きるのである。第二次大戦後は、世界の石油生産は石油メジャーと呼ばれる七つの巨大企業（セブンシスターズ）がその大部分を掌握しており、強固なカルテルを結成して莫大な利益を上げていた。これにより原油の価格は安値で安定しており、先進各国の復興と経済成長に大きな役割を果たしていたが、これとは反対に、実際に油田を持つ産油国には半分程度の利益しか入っていなかった。日章丸事件以降に中東諸国は民族主義の波を起こし、資源の利益を先進国の資本から産油国へと取り戻す、いわゆる資源国家主義の時代の先鞭をつけた。大きな盛り上がりを見せるようになってきた。

大東亜戦争において日本が東南アジアの諸国独立を導いたのと同様、出光が中東諸国の独立の機運を目覚めさせたのである。この日章丸事件を成功させた根底には、関わった人たちすべてに、確固たる愛国心、国家観があったから成し遂げられたのであり、所謂これが「日本精神」だったと確信している。

日章丸裁判

裁判は昭和二十八年五月九日昼過ぎから東京地裁民事九部の法廷で始まった。この裁判を担当したのは北村良一裁判長であった。

昭和二十七年四月二十八日、漸く占領状態から主権を回復した日本だが、まだ多くの日本人はアメリカはじめ連合国に対して劣等感を抱いていた時期だった。昭和二十三年に結審した東京裁判を認めざるを得なかったが、その時もまだ鎖に繋がれていた所謂戦争犯罪者が世界各地の牢獄につながれていた時代である。

自虐史観に陥る日本人が増加している時期での日章丸裁判が、正しく行えるのかと国民は注目していたに違いない。この裁判でも、また日本が断罪されるのではないかと予想した人が多かった。国際的な裁判では常に日本が裁かれるような悪印象を抱いていたのが当時の風潮だった。

しかし、この仮処分申請を担当した東京地裁の北村裁判長は立派だった。何故なら、大東亜戦争で東南アジアの植民地を失ったと雖も、まだ世界に多くの植民地を有していた大英帝国の石油企業の提訴において何ら臆することなくＡＩ社に対し冷静、沈着に法の正義に照らして向き合ったのである。

出光佐三も裁判を傍聴したが、突然、裁判長から指名され発言を求められ、「我、俯仰天地に愧じず」と応じている。

北村裁判長と出光佐三との阿吽の呼吸が、この裁判の全てを物語っている。二人とも、自分の職務に日本人としての矜持をもって対応した。当時は凄い人達が沢山いたのである（現在の政治家に喝を入れたくなる）。

以下、裁判の顛末の一部を記載する（一部重複）。

AI社側のデベッカー弁護士は、まずイランの石油国有化が無効であるとの論旨から弁論を始めた。一九二三年、AI社がイラン政府と結んだ利権協定はなお有効である。一国が外国人の権益を補償なしで没収する行為は（国有化のこと）、国際法上不法行為を構成する。したがって、NIOCが取得した一切の権利は無効である。そうであるからには、日章丸の積載する石油製品の所有権はAI社にある。AI社としては、この石油の処分のための本訴を準備中だが、本訴の判定結果を待っていては出光が本件石油を処分し、執行不能に陥る。そこで、譲渡その他一切の処分行為を禁止する仮処分命令を出されたい、という主張であった。

これに対して、出光側はイランの石油国有化は国際法に照らしても合法であると主張した。イランは独立国家である。独立国家の国内法による石油国有化法は、利権協定の拘束を受けるものではない。国際法の原則に照らしてみても、イラン政府は申請人の財産収用の補償金に当てるため、ミリ・イラン銀行その他の銀行に通常石油収入の二十五％以内を預託することを国有化法で明記している。事実、補償金預託口座を開設済みである。

したがって、NIOCが石油国有化法によって得た諸権益は合法的かつ有効である。さらにAI社が国有化法以前に採油していた地域は、イラン南部の一地域であり、イランの石油の全部がＡＩ社のものであったわけではない。本件石油は国有化法の実施以降、ＮＩＯＣがイラン政府の認可の下で採油、精製、販売したものであり、出光がＮＩＯＣと正式な契約を結んで買い付けたものである。したがって、ＡＩ社の本件石油に対する仮処分申請は却下されなければならない。

両者は真っ向から対立した。

デベッカー弁護士は北村裁判長に要請した。

「日章丸はいま川崎に着き、積荷の本件石油を陸揚げしつつある。出光はこの石油をどこまで移動させるのか分からないので、そのまま船を差し押さえしてほしい」

陸揚げは始められていたが、いま差し押さえされると、日章丸が使えなくなることに変わりはない。

出光側の柳井弁護士は間髪を入れず断言した。

「出光興産は石油を移動させることはしない。陸上のタンクに揚げたら、そのままにしておく」

ベッカーは追及した.「あなたの言葉は信じてもいい。しかし、出光社長は何をするか信じられない」

北村裁判長は傍聴席に視線を移した。

「それではいま、出光社長が法廷に来ておられますので、ご当人から証言を取ったらよいと思います。出光社長どうぞ」

思いもよらぬ北村裁判長の言葉で法廷内は静まり返った。出光佐三は立ち上がり、証言台に立った。

出光佐三にとっては、全く予想していない裁判長からの指名であったが、顔をあげ、力強い口調で話し始めた。

「この問題は国際紛争を起こしておりますが、私としては日本国民の一人として、俯仰天地に愧じない行為を以って終始することを、裁判長にお誓いいたします」

北村裁判長は「結構です」と一言答えた。

廷内の静けさがわずかに崩れた。感嘆の声である。まるであらかじめ打ち合わせたかのような、見事なやりとりであった。裁判長の一言で、もう何も弁明することはないと出光佐三は思った。

この裁判は三週間というスピードで結審した。北村裁判長は主文を読み上げた。「本件仮処分申請を却下する。訴訟費用は申請人の負担とする」主文が読み上げられると、廷内にどよめきが起き、やがて拍手となっていった。

北村裁判長の見事な裁きであった。

国敗れたりと雖も、日本人としての矜持を持って戦後復興に会社生命を賭け、イラン石油の買付をおこなった出光佐三の心意気に感じて、北村裁判長は迅速に判決を言い渡したのである。

最近は国内の訴訟事件において、国益をも考えず、誰の味方をしているのかと思える判決を下す裁判官が少なくない。北村裁判長の爪の垢でも煎じて飲んで欲しいものである。

ついで、外務省は英国のロバーツ公使を招いて正式回答を渡した。
①イランからの石油を買い付けた日章丸に対して、政府はいかなる措置を取る権限も持っていない。
②出光は引き続きイランへ石油買い取りの日章丸を出航させるが、政府はこれを抑制する法的権限

を持っていない。

③しかし、政府は日英の友好関係を害しないように、今後外貨予算等の運用面で考慮したい。

こうして裁判は出光の全面勝利に終わった。

日章丸は、再びアバダンに到着した。六月初めのことである。折りしも皇太子殿下が国賓として滞英中だったので、外交に配慮して日章丸は皇太子殿下の国賓待過の公務が終わるのを待って、アバダン港に向かった。

初のイラン石油買付時は、イギリスに察知されないように隠密行動であったが二回目の航海は正々堂々とペルシャ湾を経てアバダン向かった。

アバダン港に近づいたとき、飛行機が飛来、艦橋をかすめるよう何度も何度もやってきて低空飛行した。これは日章丸の二回目の来港の歓迎であった。飛行機だけでなく小さな丸木舟や蒸気船まで現れ、舷のすぐ下までやってきて、汽笛とサイレンを鳴らし始めた。

桟橋は黒山の人だかりである。桟橋に近づくにつれ彼らは「ジャポン、イデミツ」と叫んでいた。甲板には軍楽隊が乗っている満艦飾のイラン艦船が近づき、歓迎の演奏までして日章丸を迎え入れたのである。熱狂的な歓迎だった。

モサデク首相は、初代イラン駐在所所長の佐藤又男を招き、「日本人の偉大さはつねにイラン人の敬服の的であり、その勇猛果敢な精神に感嘆している。不幸にして先の大戦には敗れたけれども、いつの日か再び立ち上がる日のあることを確信している。お互いに東洋人として手を取り合っていきた

日章丸二世号の新田船長

い。日本がイランの石油を買う決心をされたことは感謝に堪えない。日本はイランの救世主であると思っている。ぜひこのことを日本に伝えて、われわれイラン国民の真意を汲んでほしい」と述べた。

英国の経済封鎖で苦境のどん底にあえいでいた彼らにとっては、「ニッチョーマル」は神の使いであり、「イデミツ」は救世主として讃えられた。

日章丸は、一年間でガソリン四万九千トン、軽油二万トン、灯油八千トンを運んだ。購入価格は七億二千万円。それが東京では倍の価格で売れる。如何に国際石油カルテルが、日本の戦後復興に乗じて大儲けをしていたかを物語る数字である。

イランは信義に厚い国でもあった。イギリスの圧力を撥ね退け、敗戦国日本の一石油会社の出光が社運を賭けて日章丸を寄越したことを、イランは高く評価し、謝礼として最初の航海での石油代金を無償にしてくれた。

日章丸（出光）の行った行動は、世界をも驚嘆させ、また中東産油国諸国に勇気と希望を与えた。その後、ＮＩＯＣは石油国際カルテルとコンソーシアムを結ばざるを得なくなり、出光の独占的な地位はわずか一年半で切り崩されることになる。それでもイラン石油直接輸入の道を開いたメリットは大きかった。何よりもの収穫は、「イデミツ」の名が世界に知れ渡ったことであり、また一般国民も恩恵に与かったのである。石油製品価格はイラン石油の輸入直後から急速に下がり始め、国際石油カルテルに出光は一矢を報いた。出光が、イランから直接取引により石油を購入したことが発端となり、産油国に新たな動きが起きるのである。

余談だが欧米諸国の基本スタンスは現在も先の大戦時と変わっていない。富を分かち合うのではなく独り占めである。開拓者精神とは聞こえは良いが一攫千金を狙って世界の富を国または個人が独占することにある。国際石油資本は日本の戦後復興支援との名目のもと禿鷹の如く日本に襲い掛かってきたのである。この国際石油資本に臆することなく、正義を貫き戦いを挑んだのが出光佐三であったことも記憶に留めて戴きたい。

大東亜戦争において日本が東南アジアの諸国の独立を導いたのと同様、出光が中東諸国の独立の機運を目覚めさせた。

この日章丸事件の成功は、関わった人たちすべてに、確固たる愛国心、国家観があったから成し遂げられたのであり、所謂これが「日本精神」であったと感じるのである。

第十四章　徳山製油所の建設（奇跡の連続の製油所建設）

昭和三十二年、世界の常識を覆す短期間に出光が製油所を完成させたと世界は驚嘆した。

この装置は、アメリアのＵＯＰ社（ユニバーサル・オイル・プロダクト）の技術で建設したのであるが、当時は通常二〜三年の年月を要するのが当たり前であった。しかし、日本において石油製品の消費が急速に増加する状況において、悠長なことは言っておれず、出光佐三は可能な限り短期間での完成を目指した。まして出光は石油販売会社であり、製油所を建設する知識・技術を持つ社員は殆どいなかったのである。そこで急遽、技術系の社員を採用するのだが、大学の研究者の研究員や大学・高校の新卒者であり、現場に精通したものは殆どいなかった。唯一経験者と言えるのは、出光佐三の甥っ子で戦前、満洲石油での実務経験のある大和勝（後の出光興産社長）くらいであった。そんな状況の中で徳山製油所をたった十ヵ月で完成させたのである。正に奇跡と言える快挙であった。

素人同然の社員たちが、製油所建設に挑んだのである。かってのＮＨＫの人気番組「プロジェクトＸ」に取り上げられてもおかしくない快挙である。

装置の設計、施工はＵＯＰに一括発注をした。当時のＵＯＰは、既存の製油所設備を改造する注文を受ける程度の企業であり、効率的な最新鋭の製油所建設を任されることはなかったので、出光からの受注に意気に感じて、最も近代的な製油所を設計したのである。徳山製油所の特別な点は、街との間に百メートルの緑地帯を設け、外から見て恰も庭園の向こうに製油所が見えるようにしたことである。未だ公害防止の観念がない時代である。イギリスの著名哲学ハーバード・リードは徳山製油所を見て、これが自分の理想としていた近代技術と芸術の調和であると絶賛したという。私自身、高校の修学旅行で徳山コンビナートの前を通過した際、公園の中に工場がある風景を見たのを憶えている。まさか縁あって、出光興産に奉職することになるとは思いもしなかった。

出光佐三にとって、石油製品の製造から販売までの一貫体制を有することが戦前からの夢であった。その夢の実現に向け、少しずつではあるが着実に前進していた。

昭和二十一年、ＧＨＱの命令によって閉鎖された太平洋岸製油所は、昭和二十四年に再開を許可され、翌年一月から相次いで操業を開始したが、当時はまだ国際石油カルテルの完全な支配下にあった。消費地精製主義のもとに国内精製方式が強行されたため、あわただしく復旧操業したこれら製油所の製品は、外国品に比べて品質も劣り、価格も割高なものであった。しかも製品輸入は容易に出来ず、出光の主張する消費者本位の実現は、ほど遠い状態であった。出光はこのような状態を打開するためには、業界が自主性を回復し、占領治下に実施された石油政策を根本的に改革して、わが国特異の需要構造に適した政策をうち立てなければならないと関係方面に訴える一方、それと並行して永年の夢であった製油所の建設を始めた。

出光は、予てより政府関係機関に交渉を重ねてきた山口県徳山の旧海軍第三燃料廠跡地を、競業他社を退け、昭和三十年八月払下げに成功したのである。この土地の取得は、出光の経営方針に賛同する政府関係者、有識者の支援がなければ容易ではなかった。また、資金の無い中での製油所建設であったが、この資金調達においてもフォローの風が吹くのである。今回は国内の賛同者ではなく海外の支援者であった。

昭和二十六年九月、サンフランシスコ講和条約が締結され、翌年の四月二十八日に講和条約が施行され日本は戦後の占領体制から漸く独立を果たした。

昭和二十七年一月、未だ占領下にある日本の一企業の石油タンカーが戦勝国アメリカのゴールデンゲートブリッジをくぐって石油を買付に行ったのである。

敗戦国日本の大型タンカーが、アメリカ本土に買付にきたことにサンフランシスコの市民は仰天したのである。これが、出光の日章丸二世号の処女航海であった。この頃から出光は、アメリカの石油製品を購入する運転資金をＢＯＡ（バンク・オブ・アメリカ）から融資を受けていた。ＢＯＡの重役たちは、独自の経営をおこなっている出光興産に着目しており、その成長を期待していた。このＢＯＡが、製油所建設の救世主となるのである。当時世界一の銀行と呼ばれた、そのＢＯＡが製油所建設の資金を融資した。それも出光佐三が融資を申し込んでから十日も絶たない内に、一千万ドル（当時の三十六億円）の融資が決まったのである。まさに即断即決の手際の良さである。出光佐三の手記にはＢＯＡの重役が出光佐三に初めて会ったときに、「出光と取引するのは銀行の名誉です」といったとの記述がある。出光佐三はお世辞かと思っていたが、お世辞ではなかったと記している。ＢＯＡは出光のあり方をよく研究していたのであり、日本の銀行よりアメリカの銀行が出光を評価していたことに驚かされるのである。

徳山製油所の建設予算は百十億円であったが、ＢＯＡが融資することを聞きつけ、国内の銀行が慌てて融資を申し込んできた。建設予定予算額の百十億円は立ちどころに集まったのである。国内より、海外の銀行が出光興産の経営内容を正しく評価していたのである。皮肉な話である。

余談であるが、現在の日本人にも同じことが言える。戦後の占領政策により自虐史観が根付いており、日本は悪い国、侵略国家、東南アジアに多大な迷惑をかけた等、真剣に語る愚かな人がいるが、反日国家や反日日本人がこのようなことを喧伝しているだけであり、日本人は歴史の真実を学ばなくては、近隣諸国の思う壺であり、覚醒しなければ取返しのつかない事態を招くであろう。日本人は自国の歴史に自信と誇りを取り戻さなくてはならない。

徳山製油所建設を時系列に記すと次のようになる。

昭和三十年八月、旧海軍燃料廠跡地払い下げ決定、昭和三十一年五月製油所建設着工、昭和三十二年三月徳山製油所完成（工期僅か十ヵ月）。誤解を招くといけないので記述するが、十ヵ月で完成したのは常圧蒸留装置関係だけで付帯装置である減圧蒸留装置等は少しあとに完成した（しかし、常圧蒸留装置を十ケ月で完成させたのは世界記録と言える）。この十ヵ月で装置を完成させるためには当時の日本では製造できなかった熱交換器の完成が必要十分条件であり、出光昭介（現名誉会長）は熱交換器の製造状況確認のため技術担当者の北脇と渡米して実地見分もしている。ともあれ、十ヵ月という短期間で、あの巨大な装置を作り上げたことは驚嘆せざるを得ない。そこには出光佐三の類稀なる人間力（指導力・統率力）が深く関与していたことは間違いない。出光佐三は、人が真に働く姿を顕わせば、十ヵ月で完成出来ると考え、その目標実現に向かって社員を鼓舞した。また出光社員の熱意に動かされたＵＯＰ関係者、日本の業者はもちろん、延べ五十九万人の作業に従事した人々は、日曜・祭日、年末年始の休日も返上して昼夜兼行でその作業に当たり、ついに予定どおりの工期わずか十ヵ月の短期間でこれを完成させた（経済復興を加速させたのである）。

アメリカから派遣されていた技師たちは、このような大工事を驚くべき短期間に完成させた日本人を世界最高の民族と讃え、火入れ式の神事に列席して日本民族の力は神によって出るものとして、この奇跡的快挙を本国に伝え、日本国内よりもむしろ海外に大きな影響を与えた。この徳山製油所建設の偉業は海外にまで波及し、無私協力、信頼一致の姿こそ日本の伝統的民族精神が成せる技として、対立闘争を繰り返している世界にも示唆を与えたのである。

この徳山製油所の完成により、出光佐三が永年描いていた製造から販売までの全てを掌握することにより、盤石の経営体質が築かれ、ここに大地域小売業が完成する。押しも押されぬ和製メジャーが誕生したのである。これ以降、各地に製油所を建設（千葉、兵庫、北海道、愛知）、戦前は日本石油の単なる代理店に過ぎなかった出光が、日本石油と一位、二位を争う大会社に成長したのである。

第十五章　グローバリゼーションと出光理念の継承

出光の成長とともに、日本は高度成長時代に入り、「もはや戦後は終わった」という言葉が象徴するように、日本は経済大国となり、国民は豊かな生活を享受するようになった。出光も高度成長の恩恵を享受していたが、バブル崩壊に伴い歯車も狂いだした。順風満帆の出光の経営にも魔の手が伸びてきた。アメリカンスタンダード（会計基準）の導入である。アメリカの日本企業への経済介入であり、アメリカンスタンダードの導入である。アメリカの会計基準を国際基準として日本に持ち込み、その尺度で企業の評価を始めた。今まで聞いたことのない格付け会社が、日本の企業の評価を始めたのだ。有名な格付け会社「ムーディーズ」は、出光を優良企業として認めなかった。彼らの物差しでは、十億円の資本金で三兆円の商いをする企業などは考えられなかったのである。その結果として、日本の銀行関係はアメリカの意思に従い、出光に対する融資を渋りだした。

出光佐三が存命であったなら「日章丸」事件のように、世界を敵にしてでも正当性を主張したであろうが、その時は出光家とは縁のない社長の時代になっており、出光佐三の理念の継承より、アメリカンスタンダードに屈した形となった。この時、創業家である出光佐三の嫡男であった出光昭介（現名誉会長）が異を唱え、孤軍奮闘したが外堀を埋められた状態となり、止む無く株式を公開したのである。株式公開については、出光ＯＢの間でも賛否両論がある。しかし、株式を公開するということは海外の投資家も株を持ち、株主として経営に対して発言力を強めることである。グローバル化と言えば聞こえは良いが、所詮アメリカ資本による日本の優良企業の乗っ取り戦略でもあり、まんまと日本の多くの企業はアメリカの戦略に嵌ってしまった感は否めない。

出光は、戦前・戦後を通じ、外資系の石油会社に対抗し、独自の経営方式を確立、和製メジャーと呼ばれるまで成長し、日本の経済を支えてきた。利益は消費者に還元するのが出光の社是であったが、株式公開によって、一番大事な出光佐三の「理念」までを失ってしまった。

経営者にとって資金調達は最重要課題であるが、株式公開で外資が入ることにより、如何なる影響を及ぼすかを考えるべきである。M＆Aなどの横文字に踊らされ、企業の合併・買収が進められているが、結局は日本の企業の独自性が失われ、また創業の目的や理念が合併によって失われている。日本は三千年にわたり、助け合いの文化を育んできた皇室を中心とするシラス国であり、他国のような征服者が力で統治する国ではないことを忘れてしまっている。

また、日本の企業にグローバル化の名のもとに外国資本が入り込み、気が付けば日本の企業で無くなっているケースも増えている。株式公開、M＆Aに対する怖さを日本人は知るべきである。出光佐三の経営理念は古臭いと考える経営者は多いかも知れないが、私は現代でも十分通用する日本の風土に合った考え方だと信じている。インターネットでの株取引が出来るようになり、安易に株主になれるが、一体今の株主とは何ぞやである。デイトレーダーなる者が現れ、本来の株主とは大違いの世の中になっている。昔は贔屓筋の会社を応援するための資金を長期間にわたり預けて配当を得る形態であったが、株価の日々の動きだけで分単位、秒単位で売買し利益を得る仕組みとなっている。これは日本の文化ではない。また出光佐三が一番嫌った「黄金の奴隷」でしかない。

出光佐三は創業時からの考えであった株式公開について次のように述べている。

「株式公開について」

人間尊重の出光には人が中心となって、資本、法規、組織が手段として使われる、吾々は人が働いて働いて、働き抜いて事業を作り之を発展させる。之に応じて後から組織も出来、規則も出来る、儲けた利益は全部社内に保留されて蓄積資本となる、如何なる場合にも人が先であり主である。こうして事業が大きくなり発展して行く事が誰でも希望する理想であると思う。会社を作り、資本を募り、組織を作り、規則を作り、この組織の中に、新会社に雇われたる人々が充てはめられるのが普通の会社設立の方法である、人に依る出立と、金による出立との根本的の相違である。

出光の創業の資本は諸君承知の通り日田翁の恩恵の金である。其後儲けた蓄積資本と銀行の借入金とであって、其他の資本家よりの借入金はない、その理由は人が金に先んずると云う私の思想は、主旨としては誰れもが賛成するが、実際には資本家に理解されないからである。そこで私は銀行より借入金のみに頼って来た訳である。大衆の預金を投資する銀行は公平熱心に吾々の経営振りを検討して大衆に対する責任を全うする。

吾々も之に答えて、自己の修養と経営の合理化に努め、経営は社会大衆の利益を目標として社会と共に歩く形が出来上った。

出光が如何なる場合にも消費者の味方として存在するのも其の一つの現れである。

こゝに人が中心となって社会大衆と結び其資金を用ゆると云う、理想的な形は四十年間に完成したものである。

この意味に於て出光が個人経営とか、株式組織とか云うことは全々技葉末節の問題となる。株式公開は大衆の資金を集め大衆と結ぶ常識的の方法であるが、出光の場合は根的の問題が起る、皆が折角儲けた社内蓄積資本は高率配当となって外部に出て、月給生活の私は配当を取る事となり、初めて私有財産が出来て資本家と急変する。労資の関係はハッキリ浮び上って来る。見ようによっては四十年来の信念的破壊であり、出光の堕落とも云い得る。世の変遷は此の変化も甘受せばならぬから、諸君は其弊害を最小限に止める事に努力せねばならぬ。

「物言う株主」なる言葉がある。株主の力を利用して会社経営に口出すという考え方である。日本人による日本人的な国家観での株主であれば企業理念は継承されるであろうが、文化・文明の違う外国人が経営に参加し、経営者になった場合はどうなるか。

日産自動車はカルロス・ゴーンによって散々な目に遭ったことを忘れてはならない。製薬業の老舗、武田薬品工業は外国人が社長である。日本は島国であり、独自の文明を育んできたが、グローバル化の名のもとに日本文明の分断工作が始まっているとしか思えない。それが日本の台頭を許さないアメリカの常套手段である。日本を真の独立国にさせないために、出る杭は叩く戦略が今でも行われていると考えるべきであり、これではいつまでたってもアメリカの属国から脱却できない。防衛問題でもよくわかる。日本には国産の戦闘機を絶対作らせない。これはアメリカにとって脅威だからである。

日米安保の名のもとに、戦闘機のメンテナンスも日本にはさせないのである。経済だけでなく防衛面でも分断工作が着々と進められている。これでは、いつまでたっても日本の真の独立などあり得ない。「今だけ、金だけ、自分だけ」とは今の時代を象徴する言葉であるが、出光佐三が唱えた「黄金の奴隷になるな」が今や「死語」となってしまっている。

創業理念など何処吹く風の如くの現代流の社長は期間業績の確保だけに走り、内部留保と株主配当が唯一の仕事のように考え、事業投資を抑えていては、日本のＧＤＰは成長しない。二十年、三十年も横ばい状態になっていても仕方ないことである（平成時代の日本は経済成長が「零」の国に成り下がっていることを知らない国民が多い）。出光も例外ではない。出光は一昨年、昭和シェル石油と業務提携した。昭和シェルはオランダのロイヤルダッチシェルの流れを汲んでおり、昭和シェル石油と業務提携をすることなど、出光ＯＢとしては考えてもみなかった。出光昭介名誉会長は、「シェル本社が手放した日本の昭和シェルと合併することによって、シェルの社員に出光の理念が理解されるかを危惧した」と話している。いずれ両社の社員は仕事面では融合することが出来るかも知れないが、その時には出光佐三の理念や日本精神というものが、社内では語られない企業になってしまうことを懸念している。

オランダは三百五十年もの長きにわたり、インドネシアを植民地にして石油等の鉱物資源の利益を貪っていた国である。日本は、自存自衛とアジア諸国の解放のために大東亜戦争を戦った。緒戦にオランダが所有するインドネシアのスマトラ島にある世界屈指の石油生産基地、パレンバンを制圧したことで、大東亜戦争の歴史を大きく変えた。また、有色人種の日本人がオランダを打ち負かしたことでインドネシアの人々を大いに勇気づけ、オランダとの独立戦争を闘う原動力にもなった。

そもそもグローバリゼーションとは、社会あるいは経済の繋がりを国の範囲を超えて、地球規模に拡大して考えようとするものであるが、これは大国が小国を飲み込もうとする「罠」と考えるべきである。グローバルという甘言に乗せられ、多くの日本企業が外国企業との業務提携に応じて無国籍企業になってしまっている。これはあくまでも序章であり、次の段階には会社を乗っ取るシナリオが着々と進められると考えるべきである。

晩年の出光佐三

一昨年の新会社「出光昭和シェル」の入社式では考えられない事が起きていた。出光の入社式では、国歌斉唱、皇居遥拝が式の始めに行われるのが習わしであったが、一昨年は国歌斉唱も皇居遥拝も行われなかったと伝え聞いた。こんな情けないことが日本の企業、それも日本一の愛国者が創業した出光でも起きているのである。国に対する忠誠心では誰にも引けを取らなかった出光佐三は今頃、天界で嘆き悲しんでいると容易に想像がつく。国家とは何か、愛国心とは何かを今一度、日本の経営者に自問自答してもらいたい。学校教育の崩壊も甚だしい。日本は素晴らしい国とは教えていない。大東亜戦争が何故起きたかも教えず、日本は侵略国だった、近隣諸国に迷惑をかけた悪い国と教えているのである。出光佐三は終戦二日後に世界無比の三千年の歴史を見直せと唱えたが、日本人は自国の歴史に学び、自信と誇りを取り戻す時である。現在の学校教育では真の愛国者、経営者が生まれるのは無理なのかもしれない。

日本の偉大な事業家、出光佐三の理念や国家観を引き継ぐ経営者の出現を望んで止まない。

第十六章　人の力による会社経営

戦後、昭和天皇は「大東亜戦争は、石油で始まり石油で終わった」と仰せられた。しかし戦前・戦中と現在の日本のエネルギー事情は殆ど変わっていない。何故なら、化石燃料である石油は九十％近くを輸入に頼っているからである。一時期、電力源としての化石燃料の使用を抑えてきたが、東日本大震災後の安全点検により、現在原子力発電所は、五十七基中数基程度しか稼働しておらず、一時は約三十％近くあった原発依存率も、今は数％である。それを補完しているのがＬＮＧ中心の火力発電であり、このＬＮＧ輸入量増大が国の経済を苦しめている。また、化石燃料は中東を中心とした産油国から大型タンカーで多額の費用をかけて輸入しているが、中国の海洋進出で南シナ海における安全航行も危うくなってきており、さらなるコスト高も懸念されている。

大東亜戦争の終盤、インドネシアのパレンバン等で生産された石油が、日本本土に届くことなく、南シナ海においてアメリカの潜水艦により多くの油槽船が沈められ、夥しい量の石油が海に消えたことを忘れてはならない。石油輸送ルートの確保と船舶航行の安全保障問題は、我が国の生命線であることを肝に銘じるべきである。資源の持たざる国ほど、「防衛力」は何事にも優先される最優先課題であり、「防衛力」なくして国の平和や繁栄も成り立たないのだ。今は、「日米安全保障条約によって完全にアメリカの傘によって守れている」と考えている日本人が大半である。しかし、実際は、アメリカが日本を上手く利用しているだけだ。また、国連では未だに敵国条項（第二次世界大戦中の連合国の敵国）が生きており、経済的に先進国となった日本は未だ安全保障理事会常任理事国になれず、拒否権を行使できない。アメリカだけでなく、世界各国も狡賢く腹黒いのである。日本人は覚醒し、自信と誇りを取り戻さなくてはならない。自虐史観に振り回されている状態では、日本という国は滅んでしまう。アメリカにとって「アメリカン・ファースト」は、国家として当たり前のことであり、だからこそ日本も「ジャパニーズ・ファースト」を声高らかに宣言すべきなのである。さもないとアメリカの毒牙によって未来永劫、属国のままであろう。

出光佐三は「大地域小売業」「消費者本位」を実践してきた。それが出光の輝かしい会社の歴史であったが、その雲行きが怪しくなってきている。出光佐三は、利益は消費者に還元するものであり、株主等を儲けさせるものではないと常々唱えていた。社内教育資料にも出光佐三の言葉として「株式公開はするものではない」と明記されている。また出光佐三は「資本は人なり」との考えで事業を経営してきた。私が出光に入社した頃の資本金はたったの十億円。しかし、年商は二兆円を遥かに超えていた時期だった。即ち、銀行からの融資で運転資金を賄っていたのである。多い時は三兆円もの有利子負債を抱えていたが、多額の利子を払える経営内容だったので、銀行は安心して融資をしていたのである。

戦後の出光は資金はなかった。出光佐三は人が資本だと唱え、大東亜戦争からの帰還者を一人も馘首せず、石油業に復帰するまでの間は、新規事業を立ち上げ食い扶持を繋いだことは前述のとおりである。この新規事業を歯を食いしばって頑張った社員が貴重な人財として力を発揮するのである。人の力で新規事業を支えることが出来、それが資金を生んだ。日章丸を建造するには莫大な資金が要った。しかし、出光の仕事ぶりを評価した銀行が現れ、融資を受け、建造資金は調達出来たのである。

徳山製油所

また日章丸が竣工し、世界をまたにかけて石油製品を調達するためには、買付資金が必要であった。しかしこの時も資金が調達できた。次にイランの石油の買付だ。イギリスとの国際紛争中のイランから購入するためのリスクを伴う資金融資である。極めつけは徳山製油所建設用の百十億円もの莫大な資金が必要であった。この時も資金が調達出来た。すべて銀行が融資をしてくれたのである。

横浜正金銀行（後の東京銀行）、東海銀行、ＢＯＡであった。これらの銀行すべてが出光の将来性や仕事ぶりを評価して融資したのである。「事業は人なり」と出光佐三は繰り返していたが、まさに自身の直向きな姿勢や国家に貢献することが使命として仕事に取り組んだ結果、その産物として資金が集まったのだ。人の力が更なる外部の力を引き寄せた。資本は人なりと出光佐三が豪語したのも全ては経験に基づくものである。経験に裏付けられた経営理念ほど強いものはない。

第十七章　明治という大きな懐が偉人・出光佐三を生み育てた

出光佐三は運の強い人間であったことは容易に理解出来るが、その運を引き寄せるための苦悩と努力は並大抵ではなかった。

子供の頃、ひ弱な出光佐三であったが、それを克服し次第に心身ともに強い人間へ成長していくのである。幼い頃は体力が弱く書物を読む体力もなかったが、類稀なる思考力により、明治という激動の社会を観察し、国家と自分自身の将来を模索していた。そんな青年が神戸高商という当時でも新進気鋭の教授陣が揃った新設校に入学出来たことも幸運であった。水島銕也校長や内池廉吉教授の薫陶を受けることにより出光佐三は更に大きな人物へと成長していった。

出光佐三は明治十八年に生まれ、明治四十四年に出光商会を創業している。日本が先進国の仲間入りを目指し、開国から富国強兵、産業振興政策の成果が着実に見えてきた時でもあり、近代化に向け、一番活気づいている時期であった。日清戦争が明治二十七年に勃発、明治三十七年には日露戦争が始まっている。また第一次世界大戦が大正三年に始まり、大正七年に終結している。出光佐三は、日本と世界がどの方向に向かうのかを、固唾を飲んで見つめていたに違いない。書物を読むことは少なかった出光佐三であったが、目の前で繰り広げられる日本の国運を賭けての戦争は、多感な世代の出光佐三にとって世界を学ぶ格好の題材であった。

出光佐三は、明治は素晴らしい時代だったと絶賛している。社内資料にもその記載があるが、明治時代に学んだ人たちは、江戸時代の学問を土台として西洋の近代文化を吸収していた時代であった。また開国を西洋から求められ、日本を守るために必死に国力を高めていた時代でもあった。この時期に世界無比の皇室を中心とした江戸時代にはなかった日本精神なるものが築かれていったと理解している。

しかし、日本の素晴らしい勢いも大正時代に入り翳《かげ》りをみせる。日本精神も、どことなくぎこちなくなる。原因は、世界各国が国運を賭して戦った第一次世界大戦により、当事国は簡単に決着がつかず疲弊したが、日本は連合国側であったため、幸か不幸か中立の立場に置かれていたのである。武器弾薬の受注、国内製品の輸出増加等、労せずして利益を得た。この時代に出光佐三が一番嫌った黄金の奴隷なる人たちが現れた。成金という新しい言葉も出来た。成金の目に余る日常の行動や財界金持の横暴振りに国民は怒り、また金権政治が横行したという。日本人がお金に酔いしれた時期であった。ただ学校関係は毅然として国民の守るべき道を教え、威厳を保ったのが唯一の救いであったと語っている。これは、日本は太古から皇室を中心とした和の国であり、助け合いの文化を育んできたからである。明治天皇の五箇条の御誓文、教育勅語には三千年にわたり育んできた日本の「心」を織り込まれていたことにより、日本の「心」の教育は終戦まで衰退することはなかった。

現在の教育の荒廃は、アメリカの占領政策で教育勅語を否定され、日本の「心」を奪い去ったからに他ならない。「勅語」とは天皇が国民に対して発せられた意思表示であり、言わずもがな教育勅語を発せられたのは明治天皇である。その教育勅語を否定するということは名君である明治天皇を否定するということである。教育勅語の復活を切望するものである。

出光佐三は社員に対して、労せずしてお金を手にすることが如何に恐ろしいかを教え、「艱難汝を玉にする」という諺をことあるごとに使っていた。出光佐三の言行録には、「政治をあてにするな、教育家に迷わされるな、そして祖先の伝統の血の囁《ささや》きを聞き、自らを頼って言論界を引きずれ、その覚悟をもって自ら鍛錬し、修養せよ、その目標を明治時代の日本人に置け」と記されている。祖先の血の囁きを聞くことにより「日本人にかえる」ことができる。出光佐三の一生は、流行や世情を覆う通念から脱却することを訴え続けたものであった。

出光佐三にとって、自分が育った明治時代が「日本精神」の原点であった。

第十八章　昭和天皇と出光佐三

昭和五十六年三月七日、出光佐三は九十五歳にてその信念の生涯を閉じた。ある人物に「九十代前半を越したら、百歳まで生きる」と予言され本気で信じていた。しかし、風邪をきっかけに軽い脳血栓にかかり、静かに息を引き取った。社葬は四月二日に東京・芝の大本山増上寺で執り行われた。生憎の雨であったが、出光佐三の功績と人柄を偲んだ人々が長蛇の列をなした（約七千人が参列した）。

私は当時姫路に勤務していたが、東京勤務の同期生たちは雨の中、カッパを着て大勢の参列者の交通整理をしたと話していた。日本人の涙雨の日でもあった。

敗戦で自信を失っていた日本人を奮い立たせてくれた人物、出光佐三の死に、昭和天皇が追悼の御製をお詠みになられた。

出光佐三逝く

国のため　ひとよつらぬき　尽くしたる　きみまた去りぬ　さびしと思ふ

天皇陛下が一般人の死を悼んで御製をお詠みになるは極めて異例のことである。

「日本が未曾有の国難にあるとき、生涯を通じ日本を支え、日本人の誇りと自信を回復してくれた。そのようなあなたが亡くなったことを寂しく思う」という意味である。出光佐三の人柄を見事にとらえた御製である。また昭和天皇は出光佐三を「きみ」としてお詠みになられていることに着目したい。

昭和天皇は明治三十四年のお生まれ、一方出光佐三は明治十八年の生まれであり、出光佐三より十六歳も年少なのに「きみ」と呼ばれているのは、余程、親しい間柄であったと推察する。

昭和天皇は、出光佐三のことをどのような形でお知りになったのであろうか。

出光佐三は前述のとおり、神戸高商を卒業後、裸一貫で丁稚小僧から商人の道を歩むのであるが、日田重太郎翁という高等遊民と呼ばれた資産家との巡り会いから人生が変わるのである。日田翁から提供された当時のお金で八千円を元手に潤滑油を販売する商店を開業する。それから商売の枠を拡げていき中国大陸を中心に事業家としての地盤を築いていくが、一介の石油業者である出光佐三を昭和天皇がお知りなることはなかったと思われる。

しかし、多額納税者として昭和十二年に貴族院議員に選出された頃には何らかの形で、出光佐三の名前をお知りになったのかもしれない。また、大東亜戦争がはじまり大量の石油を入手し、南方地区での配給事業を出光が一手に任されることになったときに、陸軍からの報告で名前をお聞きになられたかもしれないが、推測の域を出ない。やはり、出光佐三の名前をお知りになるのは、昭和二十八年のイランからの石油輸入における日章丸事件ではないだろうか。戦後は天皇陛下自ら新聞をご覧になられるようになっていた筈であり、当時の一大事件となった日章丸事件は否が応にも耳にされ、戦後の日本人の快挙をお喜びになられたとしても不思議ではない。またそこから、戦前にも出光佐三が国家に貢献していた事実もご確認され、頼もしい日本人がいると認識されたのではないだろうか。

その後は、徳山製油所の建設である。普通は二〜三年かかる大事業を、技術面では素人のような石油販売会社がたった十ヵ月で完成させたのは正に快挙であり、ここから日本の高度成長が始まったと言っても過言ではない。そんな快挙を成し遂げた出光佐三を、昭和天皇がお見逃しになる訳はなかったと思われる。まして数年前に、イギリスの支配下にあったイランから日章丸で石油を直輸入する離れ業を成し遂げた出光佐三が、初の製油所運営に乗り出したのであり、お喜びになられたと推測する。

そんな経緯もあり、昭和天皇、香淳皇后は昭和三十八年十月、徳山製油所をご視察なされたのである。愛国者、出光佐三としても人生で最大の名誉に与かったのである。社内資料にもその時のご視察の様子の写真が掲載されている（製油所構内も車で巡回されたのである）。出光佐三が、いち早く社有タンカーの大型化を推進、石油製品の安定供給に努めていた姿も当然お知りになっていたと思われる。また、園遊会は昭和二十八年から開催されており、少なくとも日章丸事件以降に何度か招かれて親しく話す機会にも恵まれたのではないかと推測している。これらの出光佐三の数々の業績と皇室との接点もあり、昭和天皇が出光佐三の逝去を悼んで御製をお詠みになられたことは至極当然のことだったと思われる。

出光佐三は、日本の文化・芸術の伝承にも尽力した人物である。出光は、昭和三十九年八月から放送されているクラッシック系音楽番組である「題名のない音楽会」のスポンサー企業でもある。この番組の司会者を作曲家の黛敏郎（故人）が永年務めたことは多くの人が知っているであろう。この番組は五十年を超えた今でも出光一社がスポンサーの長寿番組として多くの人に親しまれている。また、昭和四十一年には出光美術館が開館した。この美術館には、出光佐三が永年にわたり収集した美術作品が展示されている。国宝の伴大納言絵巻他、多数の国宝や重要文化財を所有、展示している。特に出光佐三の美術品収集のきっかけとなった江戸時代の禅僧・仙厓義梵の書画を多く所有している。出光美術館を代表する仙厓の「指月布袋画賛」は出光佐三が最初に買い求めた作品である。現在は出光佐三が出光商会を創業した門司にも美術館を開設している（平成十二年）。ここで出光美術館の逸話を紹介しておこう。

出光美術館

昭和天皇が、出光美術館の美術品をご覧になりたいとのご希望をお示しになられた折、出光佐三は出光美術館の末松理事に宮中に美術品を持参させたことがある。民間の美術館に、昭和天皇がお出ましになることが憚れることへの配慮だったと思われる。出光佐三にとって昭和天皇に対する畏敬の念が窺えるエピソードでもある。

追記するが、昭和天皇が御製をお詠みになられた数少ない一般人には、南方熊楠と牧野富太郎がいる。この二人は細菌学者、植物学者として昭和天皇にご進講係を務めた人たちであり親交も数多くあったようだ。しかし、出光佐三は実業家であり異色な存在でもある。

出光佐三の墓は福岡県宗像市赤間の、生家から歩いて十分ほどの菩提寺、法然寺の敷地内にある。先祖代々の墓、父・藤六、母・千代の墓と並び出光佐三夫婦墓はじめ兄弟たちの墓がある。先祖の墓が一番大きく、ついで両親。佐三と靖子夫人の夫婦墓が最も小さい。墓には、智源院興誉宗本佐三大居士と智月院光誉靖安紗寶清大姉の夫婦二人の戒名が刻まれている。世界規模の会社を創業した人物にしては質素なものだ。常に親孝行であり、先人を敬う出光佐三ならではの謙虚さが墓石にも窺える。この墓地からは、出光佐三がこよなく愛し、また懐かしんだ赤間の町を一望することが出来る。近くの城山の麓には、出光佐三が支援して開校された福岡教育大学がある。出光佐三は常々、故郷でも人材を育成したいと願っていた。それが自分を慈しみ育ててくれた地元への恩返しだったのであろう。

出光佐三の遺骨は、故郷の赤間の他に鎌倉東慶寺に分骨が収められている。東慶寺は臨済宗円覚寺派の寺院で、江戸時代は女性の駆け込み寺であった。この寺には西田幾太郎、小林秀雄、和辻哲郎など、多くの文化人も眠っている。

そして出光佐三が師と仰いでいた仏教学者・鈴木大拙の墓もある。大拙が禅を通じて親しく交際した実業家の一人が出光佐三であり、常々「死んだら、鈴木大拙先生のそばに埋めてくれ」と家族に伝えていたという。

おわりに

冒頭に記したように、百田尚樹氏による『海賊とよばれた男』は、あくまでも単なる「小説」と理解して戴きたい（主人公は出光佐三ではなく国岡鐵造である）。私は出光興産に永年勤務した人間であり、現役時代の数年間は出光佐三は健在であった。常に国に貢献することを信条とし、会社を興し、企業の財産である社員を大事に育てた立志伝的人物であった。その業績を伝える書籍は多くの人によって世に出されてきたが、日本の偉人として捉えられることは少なかった。しかし「海賊」の名で一躍有名になったが、出光佐三を誤解している人の多さに気づき、出光佐三の名誉回復のため薫陶を受けた一人として書籍を世に出すことを決意した。

出光佐三は日本の発展を只々願い、戦前・戦中・戦後を通して、国に貢献した人物である。一般大衆を引き付けるには「海賊」という面白く飛びつき易い標題にしたのは出版社の意図かも知れないが、何も知らない一般大衆は「海賊」の言葉で、あくどい商売をした人物と捉えてしまう。出光佐三は、冒頭にあげた野口英世、北里柴三郎、渋沢栄一と同じく並び称される偉人であり国士でもある。何故、「海賊」という言葉を用いたのか腹立たしいものがある。本を売るためや映画の視聴者を増やすためのキャッチコピーかも知れないが、些か度が過ぎる。商業主義とはこんなものかも知れないが、出光OBとしては苦虫を噛み潰していた。繰り返しになるが、今一度、出光佐三は「海賊」とよばれるような男では無かったことを以下に確認したい。

誤解を招くといけないので付け加えておきたい。一般の人は知らないのだが、書籍の題名は出版社が決めることが業界の不文律となっている。「海賊」という言葉を選んだのは百田尚樹氏ではなく出版社の編集者であることを知って戴きたい。筆者として、百田尚樹氏を責めるつもりは毛頭ないことを書き添えておく。

まず、出光佐三は昭和十二年に貴族院議員に多額納税者として選ばれている。この職は昭和二十二年の公職追放令で資格は消滅するが、十年間も多額納税者として公職についているのである（海賊がこのような、多額の税金を納めただろうか）。創業地の門司では商工会議所の会頭を八年間勤めている。前述したが、この会頭時代に永年の地元住民の切実たる願いであったが懸案となっていた関門トンネル工事事業を軌道に乗せ、約八年の月日をかけ完成に導いている。

また紺綬褒章、勲四等瑞宝章だけでなく、フランス共和国文化勲章（芸術文化部門）、イラン帝国ホマイヨン勲二等、スウェーデン王国バサ大勲章と数々の受章をしている。また福岡県門司市の名誉市民、故郷の福岡県宗像郡赤間町の名誉町民でもあった。また福岡教育大学を故郷の赤間に誘致し、多額の寄付をした人物でもある。前述したが赤間地区は学校の先生を多く輩出する文教地区であった。ここに福岡刑務所の移転計画が進められた。これを聞いた出光佐三は赤間にはそぐわない施設と考え、福岡県内に分散していた分校を一ヵ所に統合する計画を立案、大学の誘致に成功したのである。現在、大学構内のアカデミックホール内に出光佐三の尽力により統合移転できた主旨の銘板が掲示されている。

歌手の武田鉄矢氏はこの大学の卒業生でもある（但し、移転前の分校時代の卒業生）。また、故郷の宗像大社の復興事業に尽力した。約三十数年に亘り宗像大社復興期成会の会長を務め、昭和の大造営、沖ノ島の学術調査、宗像大社史刊行等、宗像大社の復興に寄与した功績は高く評価されている。宗像大社が世界遺産として登録されるに至ったのは出光佐三が核となって行った復興事業があったからに他ならない。また、伊勢神宮、明治神宮の総代も務めた。陰徳を積むという言葉があるが、出光佐三は人のために、地域のために、見えない場所で働く人格者であった。以上をもってしても「海賊」とのイメージとは程遠いのである。

出光佐三は海賊でなく、日本の偉人と称されるべき人物なのである。

出光が創業間もない頃、新規参入者に商権を奪われないように縄張りを設けた既存業者に対し、知恵を使って販路開拓をしただけなのに、その悪徳同業者たちが付けた渾名を本の題名にするのは出光佐三の功績を踏み躙《にじ》るようなものである。百歩譲って、海賊という表題は「小説」だから許すとしても、その小説に一番大切な出光佐三の国家観、愛国心の記述が少なく、単なる商売人として描かれていることは残念でならない。冒頭、第一章（出光佐三の真骨頂）に、出光佐三の「玉音を拝して」を敢えて全文を記載したが、一番大事な部分が小説では端折られ、或いは映画では削除されていた。これでは真の出光佐三像はみえてこない。

小説『海賊とよばれた男』に対し、出光社員として以上のような思いを持っていた。私は、現役を退いたのちに父の手記を出版したことが契機となり、愛国運動の真似事を始めている。その運動の過程で、日本人に正しい歴史を教えない大きな力が働いていると思わざるを得ない時が多々あった。

現役時代を出光という愛国者集団のような会社で過ごしてきたので、日本人に対して何ら疑うことはなかったが、会社を離れ一般社会の人たちと交わる機会が多くなると、「あなたは日本人ですか」と問い質したい人たちに出くわす機会が増えていった。日本は終戦以降、アメリカの占領政策により、日本の伝統・文化・歴史が悉く否定されたことで、日本人かと疑う人たちが増殖していったのである。この反日勢力とも言える人たち立ち向かって活動している人たちも多くいるが、昨今は反日日本人の手によって、政府、省庁をはじめ地方自治体にまで異文化が浸透しており、正しい日本の歴史を教えられていない子供たちを作ってしまっている。この子供たちが成長すれば、日本は末恐ろしい状態になると危惧している。

正しい歴史を伝えていかなくてはならないという活動の一環として、自分が現役時代を過ごした会社や創業者の真実を一般社会の人たちに伝えたいとの思いが募っていた。そんなところに、渡りに船ではないが、展転社から有難いお話を戴き、伝えたかった真の出光佐三像を纏めてみることになった。

冒頭でも述べたが、出光には社内教育資料が沢山整備されている。その殆どが出光佐三の創業からの社史であるが、これが事細かく綴られおり、読むだけでも骨が折れる大仕事であった。それだけ出光佐三は、日本国の歩みに沿って出光が歩んできたことを伝えたかったのだと知ることにもなった。新入社員時代に配布された膨大な社内資料を読み返したが、社内教育時に教えられた重要な箇所には赤線などが引かれており、四十数年前にタイムスリップすることも度々あった。そんな膨大な資料を出光佐三の生涯的に一冊の書物に纏めるには到底無理な事に気づき、大事な項目だけは深掘りをして記載した。社員時代にも多くのことを学んだが、今回の執筆にあたり、出光佐三は近代屈指の日本の偉人であることを改めて知ることになった。

世の中には、多くの出光佐三についての書物が出版されている。よく詳しく調べられたと感心させられるものから、上辺だけの記述のものまでまさに玉石混合である。私たち社員に配布された資料は、殆どが社内教育用に作られたものであり、きちんと製本されたものでも殆どが非売品である。

出光佐三が逝去して、今年で四十年が経過した。また、出光興産も昭和シェル石油と業務提携をしたことで、出光佐三の理念教育の時間を社内では設けられなくなっていると推察している。このため、出光佐三の足跡を偉人伝的に纏め、広く一般の方たちに出光佐三の真実を知って貰おうと考え、執筆を決意した次第である。

百田尚樹氏のお陰で、出光佐三の存在が知られ、脚光を浴びたかも知れないが、海賊の親分としての理解では困るので、事実を出来るだけ正確に伝えることに腐心した。しかし、余りにも足跡が多く、また戦前・戦中・戦後に日本全体の石油の安定供給に駆けずり回った出光佐三の詳細の全てを伝えることは出来なかった。しかしながら本書をきっかけにして出光佐三の近現代史における偉業を知り、私利私欲を持たず、只々、国の繁栄を願って活動した偉人としての真の姿を理解戴ければと願っている。冒頭に記したが、学校の教科書に、出光佐三の偉業を記載することも必要であり、この面での活動にも尽力したいと考えている。

最後に、出光佐三は文化事業にも多くの足跡を残している。フランス共和国文化勲章（芸術文化部門）を受章したのはその文化事業への貢献に対してである。出光美術館（東京・有楽町）や中近東センター（東京・三鷹市）に歴史・美術研究者たちが舌を巻くほどの美術品や出土品が保管されている。日本の精神・歴史の継承だけでなく、芸術・美術にも造詣が深く日本を深く愛した人物であったことも書き添えたい。

出光佐三は九十五歳の生涯を静かに閉じたが、あらゆる分野でその能力を遺憾なく発揮し、また常に日本人を奮い立たせた素晴らしい人生であった。

出光佐三は、「熟慮断行」の経営者であった。足跡を振り返っても、一度たりとも怖気づいたりはせず、いかなる難局にも立ち向かって、突進する経営者であった。出光佐三の弟で二代目社長を務めた出光計助は兄について次のように語っている。

「物事を実行するに当たっては、事前に徹底的に調査、研究する。その結果、一度やると決めたら、誰がなんと言おうと絶対にあとには引かない。非常に頑固だ。例えばいったん怒り出したら傍に近寄れないくらい激しい。人並みはずれて頑固なところがある半面、実に情にもろい。女性や子供には無条件に優しかった。逆に相手が強い役所などで、曲がったことがあると、とことん反対した。若い時から苦労ばかりしているから、いろいろと気がつくし、義理、人情を非常に大切にする。しかも普通の人なら、苦労が続くと挫けて止めてしまうが、兄（出光佐三）は苦労があってもへこたれない。禍を次々と自分の栄養分にしていく。山を越すと、次の大きな険しい山をめざしていく。性格は父親（藤六）に似て、楽天的で明るい」。

出光佐三の足跡の顕著なものは、海上給油、明治紡績、中国大陸進出、満洲鉄道、南方の石油配給事業、国際石油カルテルとの闘い、日章丸建造、イラン石油輸入、製油所建設など、すべて先を見据えた上で攻めの姿勢を貫き通している。また次々と大きな目標に挑戦していることに驚かされる。終戦を迎えた年が還暦、古希に製油所の建設を決断、まるで年齢を感じさせない精力的な働きぶりである。

最初は小さな個人商店であったが、世界的な企業へと変貌を遂げることが出来たのは、人の為、国の為との基本姿勢があり、日本の成長とともに大きな課題に取り組んできたからであろう。単なる金儲けをするための会社経営であったなら、出光は九州の小さな会社で終わったに違いない。

「人間の真に働く姿を顕現し、国家社会に示唆を与える」との大きな志に込められた出光佐三の心意気に敬服せざるを得ない。近代日本の創成期とも言える明治に生まれ、明治に育った生粋の日本人、偉大な経営者が出光佐三だった。

「事前に徹底的に調査、研究する。その結果、一度やると決めたら、誰がなんと言おうと絶対にあとには引かない」と弟の出光計助は「頑固な兄」を語っているが、綿密に研究し、分析を重ねたことにより、見通しが立った上での行動だったのである。

出光佐三と同じ福岡県赤間町出身で出光佐三に四十年にわたり仕え、後に出光興産㈱の三代目社長を務めた石田正実は、出光佐三の逝去に際し、「生涯、ただの一度も自分に金儲けをしろと言わなかった」と呟いたそうである。

出光佐三は、事業を通じて国に貢献することが目的であり、常に金儲けなどは眼中になかったのである。金儲けのために出光佐三の実像とは全く違う「海賊イメージ」を世の中に広めた人たちはいったい何が目的であったのだろうか。

出光佐三は生涯にわたって「熟慮断行」と「攻めの経営」を貫いた。「攻撃は最大の防御」という言葉があるが、経営者にこの姿勢がなくては企業の発展は期待できない。アメリカ資本に屈しない出光佐三流の経営の復活を望んでいる。

昨今の日本を取り巻く環境を考えると、何故、日本政府はそんなに弱腰なのかと憤慨することが実に多い。

事実、出光佐三は孤軍奮闘、戦前・戦中・戦後と常に日本を取り囲む巨大勢力と闘ってきた。特に組織・機構の複雑化で身動きが取れなくなった軍隊や、戦後は占領下の日本からハイエナのように利益を貪っていた国際石油カルテルに身体を張って、真向から勝負をしたのである。全ては日本人のため、日本国のため、と闘ったのが出光佐三の生き様でもあった。

終生、「日本人にかえれ」と唱え続けた出光佐三であったが、道理の通らないことで圧力に屈することは許さなかったのである。現在の日本人はたった一度の敗戦を経験してあまりにも弱くなってしまった。日本人としての自信と誇りを取り戻さなければならない。出光佐三は、現在の日本の政治・経済を見てどう感じるだろうか。戦後七十数年が過ぎたにも拘わらず、未だにアメリカの属国から脱却出来ずにいるのである。

闘わなくては国を守れない、このことこそ出光佐三が事業を通じて社員はじめ国民に教えたかったことに違いない。

出光佐三が逝去した節目の四十年後の祥月命日に脱稿出来たことは、一出光ＯＢとして一つの責任を果たした充実感で一杯である。

最後にこの原稿を執筆するにあたり、資料提供及びご助言を戴いた出光佐三のご嫡男である出光昭介名誉会長に深く感謝申し上げます。また構想段階から数々の資料を提供戴いた出光興産㈱本間潔常務執行役員、更にご協力戴いた光美術館の皆様に厚く御礼を申し上げます。

特に出光名誉会長はご高齢（九十三歳）でありますが、拙文を脱稿段階から何度もお読み戴き適宜ご助言を戴きました。出光名誉会長の父君・佐三翁の熱い思いを感じる有意義な時間を過ごすことが出来ました。出光ＯＢとしてだけの思い先行の拙文ですが、多くの読者に真の出光佐三像を知って戴く機会となれば幸です。

令和三年三月七日（出光佐三命日）

千葉県市原市の草庵にて脱稿

参考文献

・『出光五十年史』出光興産㈱　社内教育用（非売品）
・『我が六十年間』（第一巻～第三巻）出光興産㈱　社内教育用（非売品）
・『我が六十年間』（追補）出光興産㈱　社内教育用（非売品）
・『積み重ねの七十年』出光興産㈱　社内教育用（非売品）
・『ペルシャ湾上の日章丸（出光とイラン石油）』出光興産㈱　社内教育用（非売品）
・『アバダンに行け「出光とイラン石油」外史』出光興産㈱　社内教育用（非売品）
・出光佐三『道徳とモラルは完全に違う』出光興産㈱　社内教育用（非売品）
・『出光100年史』出光興産㈱　社内教育用（非売品）
・『出光100年史』（簡略版）出光興産㈱　社内教育用（非売品）
・「出光100年史」（DVD）出光興産㈱　社内教育用（非売品）
・「出光物語、店主物語」（DVD）出光興産㈱　社内教育用（非売品）
・「日本人」（DVD）出光興産㈱　社内教育用（非売品）
・『月刊 出光「店主追悼号」出光興産㈱　社内教育用（非売品）
・『出光では皆さん自身が会社なのです―若い社員諸君へ―』出光興産㈱　社内教育用（非売品）
・『日本人にかえれ』出光佐三　ダイヤモンド社
・出光佐三『永遠の日本』平凡社

・出光佐三『マルクスが日本に生まれていたら』春秋社
・出光佐三『人の世界と物の世界』春秋社
・出光佐三『人間尊重七十年』春秋社
・プレジデント社編集部『出光佐三 人を動かす100の言葉』プレジデント社
・百田尚樹『海賊とよばれた男』（上巻・下巻）講談社
・百田尚樹「海賊とよばれた男」（DVD）ソニーミュージック
・木本正次『出光佐三語録』PHP文庫
・木本　暢『出光佐三反骨の言霊』PHPビジネス新書
・北尾吉孝『出光佐三の日本人にかえれ』あさ出版
・松本幸夫『出光佐三の生き方』総合法令
・木本　暢『出光佐三という生き方』宝島社
・花田勝広『出光佐三と宗像』宗像考古刊行会
・小島淳一『私が出光興産を辞めた訳』ギャラクシーブックス
・奥本康大『保守第8号』（出光佐三の嘆き）保守の会事務局
・奥本康大『國の防人』（出光佐三と父の教え5・6）展転社
・皿木喜久『明治という奇跡』展転社
・新保祐司『明治頌歌』展転社
・出光佐三『私の履歴書「昭和の経営者群像」』日経新聞社

奥本康大（おくもと　こうだい）

昭和 25 年生。（卒業証書は捨てました）

現役時代は出光興産株式会社に勤務。

父、奥本實は、昭和 17 年 2 月 14 日インドネシア・スマトラ島パレンバン奇襲作戦に従軍、殊勲甲の手柄をあげ、陸軍中尉としては異例の昭和天皇に単独拝謁を賜わった元軍人（終戦時は陸軍大尉）。

現在は保護司、調停委員として社会貢献に従事。

「空の神兵」顕彰会を主宰し、正しい戦争の歴史を後世に伝えるべく講演会、勉強会の開催ならびに慰霊碑、顕彰碑、記念碑の建立活動に取り組んでいる。

史実を世界に発信する会委員、二宮報徳会理事、新しい歴史教科書をつくる会千葉支部幹事。

著書に『なぜ大東亜戦争は起きたのか？空の神兵と呼ばれた男たち』（共著者：高山正之)、『大東亜戦争 失われた真実』（共著者：葛城奈海）　がある。

正伝 出光佐三
日本を愛した経営者の神髄

令和三年六月二十日　第一刷発行

著　者　奥本　康大
発行人　荒岩　宏奨
発　行　展　転　社

〒101-0051 東京都千代田区神田神保町 2-46-402
ＴＥＬ　〇三（五三一四）九四七〇
ＦＡＸ　〇三（五三一四）九四八〇
振替〇〇一四〇―六―七九九九二
印刷製本　中央精版印刷

定価［本体＋税］はカバーに表示してあります。

ISBN978-4-88656-524-2

てんでんBOOKS
［価格は税込］

明治頌歌　新保祐司
●偉大な明治という時代を回想し、富岡鉄斎、国木田独歩、中原中也、夢野久作など作品から「明治の精神」を描き出す　。1430円

明治という奇跡　皿木喜久
●近代的な中央集権国家を築き上げた日本。それはまさに奇跡である。明治時代の軌跡をたどり、明治人の気概に迫る。1430円

かたくなにみやびたるひと　乃木神社総代会
●今、鮮やかによみがえる「人間」乃木希典の真実。先師達の学統を継ぎ、明治の大御代に至誠を貫いた乃木希典。1760円

権藤成卿の君民共治論　権藤成卿研究会
●権藤成卿が唱えた農業を中心とする君民一体の政治。それを阻むのが功利主義、官僚支配、西洋崇拝である！。1980円

小村寿太郎　岡田幹彦
●日露戦争前後七年あまり外相として日本の政治外交を取り仕切り、近代日本を強国に躍進せしめた小村寿太郎。1980円

東郷平八郎　岡田幹彦
●列強は偉大な海軍提督と仰ぎ、植民地の国々は独立の夢をはぐくんだ。日本の誇るべき英雄の一代記。1980円

乃木希典　岡田幹彦
●日露戦争勝利に導いた名将にして近代随一の国民的英雄だった乃木希典。日本人に自信と誇りを回復させる。1980円

最終結論「邪馬台国」はここにある　長浜浩明
●長らく決着がつかなかった邪馬台国論争。文献と考古資料を根拠に、不毛な論争に終止符を打つ！　1540円